누리과정에 기초한
그림책 읽기 지도 안내서
· 2 ·

* **일러두기**
- 본문에 수록된 표지 이미지는 출판사의 허락을 얻고 사용하였습니다.
- 본문의 인용 페이지는 속표지 다음 페이지를 1쪽으로 계산하였습니다.

101권의 그림책,
제대로 재밌게 읽자!

이차숙 지음

초록서재

| 차례 |

⟨1권⟩

1부 엄마, 아빠 사랑해요

2부 내 사랑, 우리 가족

3부 나랑 친구하자

4부 자연을 아끼고 사랑하자

⟨2권⟩

5부 괜찮아! 나도 할 수 있어

강아지똥 · 10

나비가 되고 싶어 · 16

내 사랑 뿌뿌 · 22

내가 영웅이라고? · 28

눈 오는 날의 생일 · 34

눈물바다 · 40

달님이 본 것은? · 46

도대체 그 동안 무슨 일이 일어났을까? · 52

아기 곰의 가을 나들이 · 58

앤디와 사자 · 64

이슬이의 첫 심부름·70
제가 잡아먹어도 될까요?·76
줄무늬가 생겼어요·82
지하철을 타고서·88
프레드릭·94

6부 우리 모두 함께 살아요
네 생각은 어때?·102
손 큰 할머니의 만두 만들기·108
옛날에 오리 한 마리가 살았는데·114
자꾸자꾸 초인종이 울리네·120
탁탁 톡톡 음매~ 젖소가 편지를 쓴대요·126
헤엄이·132

7부 환상의 나라로 떠나요
괴물들이 사는 나라·140
구름 나라·146
깊은 밤 부엌에서·152
눈사람 아저씨·158

달 사람 · 164
셜리야, 물가에 가지 마! · 170
수영장 · 176
숲 속에서 · 182
은지와 푹신이 · 188
장수탕 선녀님 · 194
조각이불 · 200

8부 멋있고 당당하게 살아요
개구쟁이 해리: 목욕은 정말 싫어요 · 206
난 토마토 절대 안 먹이 · 212
노란 양동이 · 218
빨간 암탉 · 224
아나톨 · 230
약속 꼭! 꼭 지킬게 · 236
이건 내 모자가 아니야 · 242
치과 의사 드소토 선생님 · 248

9부 아! 재미있어요

늑대와 오리와 생쥐 · 256

로지의 산책 · 262

비둘기에게 버스 운전은 맡기지 마세요! · 268

악어도 깜짝, 치과 의사도 깜짝! · 274

안돼! · 280

티키 티키 템보 · 286

판다 목욕탕 · 292

팥빙수의 전설 · 298

5부

괜찮아!
나도 할 수 있어

book_ 54

글_ 권정생

그림_ 정승각

출판사_ 길벗어린이

추천 연령_ 만 3~5세

주제_ 자기 희생

강아지똥

이 책은 어떤 책인가요?

이 책은 아이들도 어른들도 다 좋아하는 책입니다. 아이들은 '똥'이라는 소재와 별 볼일 없는 그 똥이 노란 민들레꽃으로 피어나는 이야기에 반하고, 어른들은 별 볼일 없는 하찮은 존재가 자기를 희생하며 삶의 진정성을 찾아가는 그 숨은 뜻에 반하는 것 같습니다.

길가에 버려진 강아지 똥, 그 누구도 좋아해주시 않는 강아지 똥은 이 세상을 살고 싶지 않습니다. 지나가는 참새나 닭들이 던지는 말들이 자신이 세상에서 더욱 쓸모없는 존재임을 확인시켜줍니다. 그러나 자신의 몸을 부수어 온전히 민들레 속으로 파고들어가 마침내 아름다운 꽃을 피운다는 이야기입니다.

이 책의 그림 작가, 정승각 화백은 강아지 똥의 이미지를 창조해내는 과정에서 실패를 거듭하다 "나는 강아지 똥이다"라는 화두를 떠올리면서 비로소 이 책의 그림을 그릴 수 있었다고 말합니다. 정승각 화백의 이런 생명력 있는 그림 때문에 이 책이 유명해지지 않았나 하는 생각이 들기도 합니다.

아무 쓸모없을 것 같은 '강아지 똥'마저도 아름다운 민들레꽃을 피우는데, 하물며 하느님이 창조하시고, 살아 숨 쉬고, 생각할 줄 아는 인간의 존재 가치는 그 무엇에 비교할 수 있을까라는 인간의 실존적 문제를 우리의 의식으로 떠올리게 하는 책입니다.

이 책의 작가는요?

이 책의 글 작가, 권정생(1937~2007)은 일본 도쿄에서 태어났습니다. 시부야에서 소학교를 다니다가 1944년 폭격을 피해 군마현 츠마고이로 이사해 살았습니다. 초등학교를 졸업하지 못하고 있다가 해방 후 한국으로 돌아와 1953년에야 졸업했습니다. 츠마고이에서 사는 동안 청소부를 하시던 아버지가 쓰레기 더미 속에서 주워온 그림책이나 동화책들을 읽으면서 아동문학에 눈을 뜨기 시작했다고 합니다.

작가는 초등학교를 졸업하고 나무 장수, 점원 등으로 전전하다가 1956년 19세 되던 해에 결핵을 앓기 시작해 이후 평생 병고에 시달립니다. 1967년부터 안동군 일직면 조탑동에 있는 마을 교회의 종지기로 평생 살았다고 합니다. '강아지 똥'은 1969년 처음 동화로 발표되었고, 2001년에 화가 정승각을 만나 그림책으로 탄생하게 됩니다. 그림책으로 출간된 《강아지똥》이 우리나라 아이들의 폭발적인 사랑을 받게 되었습니다. 작품으로는 120여 편의 단편과 중편 동화, 5권의 장편 동화, 4권의 소년소설, 2권의 장편소설, 1권의 시집, 1권의 위인전기, 2권의 산문집 등이 있습니다.

이 책의 그림 작가, 정승각(1961~)은 충청북도 제천 덕동에서 태어났습니다. 어렵고 힘든 가정에서 어린 시절을 보냈지만 초등학교 5학년 때 담임 선생님 덕분에 아동문학과 미술에 눈을 떴다고 합니다. 어려서부터 그리기를 좋아했고, 미술대회에 나가 몇 차례 입선과 최고상을 받기도 했습니다. 이후 중앙대학교 서양화과에서 공부했습니다. 다른 작품들로는 《까막나라에서 온 삽사리》, 《장난꾸러기 도깨비》, 《누구 발자국일까》, 《오소리네 집 꽃밭》, 《황소 아저씨》, 《내가 살던 고향은》 등이 있습니다.

이 책의 줄거리는요?

돌이네 흰둥이가 골목길 담벼락 밑에서 똥을 눕니다. 즉 '강아지똥이지요'. 날아가는 참새가 "똥! 똥! 에그, 더러워…"라고 말합니다. 소달구지 밑 흙덩이가 "넌 똥 중에서도 가장 더러운 개똥이야!"라고 말합니다. '강아지똥'은 그만 "으앙!" 하고 울음을 터트립니다. "난 더러운 똥인데, 어떻게 착하게 살 수 있을까?" 가을이 가고 새봄이 왔어요. 어미 닭이 병아리 열두 마리를 데리고 먹을 것을 찾아왔어요. '강아지 똥'을 보고 온통 찌꺼기뿐이라고 말하며 가버렸습니다. 봄비가 내리고 민들레 싹이 돋아났습니다. 민들레 싹은 자신이 아름다운 꽃을 피우기 위해 하느님이 비와 햇볕도 필요하지만 "네가 거름이 돼 줘야 한단다"라고 합니다. 강아지 똥은 기뻤습니다. 기꺼이 거름이 되었습니다. 그리고 민들레는 예쁜 꽃을 피웠습니다.

이 책을 읽고 이렇게 이야기를 나누어보세요.

1. 이야기 알기

    1) '강아지똥'은 왜 "으앙!" 하고 울었을까요?

    2) '강아지똥'은 민들레 싹의 말을 듣고 왜 기뻐했을까요?

2. 그림 자세히 살피기

    1) 앞표지와 뒷표지를 보며 생각나는 대로 이야기해보세요.

    2) 본문 22쪽, 민들레 뿌리 밑으로 들어간 '강아지똥'은 왜 별 모양을 하고 있을까요?

3. 등장인물 되어보기

    1) 남들이 나를 "똥! 똥! 에그, 더러워…"라고 말하면 기분이 어떨까요?

    2) 민들레를 꽉 껴안은 '강아지똥'이 비를 맞고 몸이 녹아내릴 때 기분이 어땠을까요?

이야기를 나눌 때 이런 점을 유의하세요.

이 책은 크로스오버 그림책입니다. 어떤 그림책이 특정한 연령의 독자를 대상으로 하지 않고 아동과 성인 모두가 볼 수 있을 때, 그 책을 크로스오버 그림책이라고 합니다. 크로스오버의 개념이 연령에만 국한되는 것이 아니고 장르적인 혹은 매체적인 경계가 깨어지고 융합되는 것을 의미하기도 합니다. 결과적으로 독자의 경계가 없어지게 되지요. 이 책은 원래 동화로 발표되었던 책인데 2001년 그림책으로 발표되면서 유아들의 폭발적인 사랑을 받게 되면서 초등학교, 중학교 교과서에도 실리게 되었습니다. 초등학생,

중학생뿐만 아니라 어른들도 아주 좋아하는 그림책이지요.

대체로 크로스오버 그림책 안에는 두 층의 의미가 존재합니다. 하나는 가시적 텍스트에 의해 드러나는 표층 의미이고, 다른 하나는 독자의 배경 지식과 관련한 암시적 텍스트에 의한 심층적 의미이지요. 아무래도 유아들은 배경지식이 부족해서 표층적인 의미망에 접근할 가능성이 크지요. 그러나 연령이 좀 더 높은 사람들은 배경지식이 있으므로 심층적 의미망에 접근하게 되겠지요.

이 책은 하찮은 존재일지라도 자기를 희생해 고귀한 존재로 탄생할 수 있다는 어렵고 무거운 주제이고, 또 사건의 전개보다는 '강아지똥'이라는 의인화하기 어려운 물체의 심리 변화를 서술하고 있기 때문에 유아들이 그 심층적 의미를 이해하기는 어렵습니다. 물질의 자연적 변화 체계를 이해하는 것만으로도 일단은 성공적인 읽기로 보아야 하겠지요. 읽기는 단 일회적 사건이 아닙니다. 두고 두고 생각날 수 있지요. 서두르지 말고 책을 즐기게 하십시오. 어른이 생각하는 그런 의미를 모르더라도 '똥'이라는 특별한 소재와 감각적 경험과 상상을 극대화하는 그림들 때문에 아이들은 충분히 이 책을 즐길 수 있을 것입니다.

book_ 55

글·그림_ 엠마누엘레 베르토시

옮김_ 이순영

출판사_ 북극곰

추천 연령_ 만 3~5세

주제_ 자연의 순리

나비가 되고 싶어

이 책은 어떤 책인가요?

엠마누엘레 베르토시(Emanuele Bertossi)가 글을 쓰고 그림을 그린 아주 멋진 그림책입니다. 자연이 사람에게 깨달음을 주는 이야기입니다. 예쁜 나비가 된 데이지가 달팽이와 개미와 벌들에게 너희들은 왜 모두 나와 다르냐고 묻습니다. 그들은 또 데이지에게 너는 왜 나와 다르냐고 묻습니다. 데이지는 달팽이, 개미, 벌들의 이야기를 들으며 내면의 아름다움과 자연의 섭리를 이해하고 깨닫고 배운다는 이야기지요. 평범한 아이의 꿈 이야기로 '철학함(doing philosopy)'을 배울 수 있는 멋진 책입니다. '철학함'은 당연시해왔던 것들에 대해 의문을 던지면서 시작됩니다. 이 책은 바로 이런 당연한 사실들에 대해 의문을 던지며 생각하게 만드는 책입니다. 즉, 철학 하게 만드는 책이지요.

이 책은 그림이 매우 멋집니다. 여백 없이 한 페이지에 가득 채워 그린 그림과 색감이 이야기를 효과적으로 전달합니다. 글은 더 멋집니다. '언젠간 모두 집으로 돌아간다', '누구나 자기한테 알맞은 시간이 있다', '따뜻한 봄과 무더운 여름과 시원한 가을이 지나면 언제나 추운 겨울이 온다' 등은 너무나 당연한 말들이지만 깊은 생각에 잠기게 하는 철학적 물음들이지요.

이 책은 1998년 보르다노 내셔널 일러스트레이션 공모전 프리울리 언어 부문 대상을 수상했습니다. 작가의 데뷔작입니다.

이 책의 작가는요?

이 책의 작가, 엠마누엘레 베르토시(1970~)는 세계적으로 잘 알려진 작가는 아닙니다. 작가가 상업적이 아닌 이탈리아의 비영리 단체에서만 출간을 고집했기 때문인 것 같습니다. 작가에 대한 구체적인 정보는 없습니다만, 책을 출간한 출판사가 개인적인 만남을 통해 얻은 정보를 중심으로 소개한 글을 인용합니다.

작가는 1970년 이탈리아 북동쪽 끝에 있는 프리울리주 트리비냐노 우디네제의 작은 시골 마을에서 태어났습니다. 1999년 볼로냐 국제아동도서전 올해의 일러스트레이터, 2000년 보르다노 내셔널 일러스트레이션 공모전 심사위원 대상, 2003년 볼로냐 국제아동도서전 올해의 일러스트레이터, 2009년 파도바 국제아동도서전 올해의 일러스트레이터 등 많은 상을 수상했다고 합니다. 국내에는《눈 오는 날》과 《누구세요?》 등이 출간되었습니다. 독특한 그림과 아름다운 이야기로 많은 언론사와 비평가로부터 호평과 찬사를 받았으며, 독자들의 꾸준한 사랑을 받고 있습니다. 작가는 지금도 이탈리아 프리울리에서 다양한 공예와 미술 작업을 하고 있다고 합니다.

이 책의 줄거리는요?

데이지는 풀밭에 엎드려 작은 동물들을 구경하는 것을 좋아합니다. 달팽이, 개미, 벌, 나비. 그중에서도 데이지는 나비를 제일 좋아했지요. 나비는 예쁘고 화려하고 자유롭고 멋지니까요! 데이지는 나비가 되고 싶다는 소원을 빌며 잠이 들고 마침내 꿈속에서 나비가 됩니다. 신이 난 데이지는 현실에서 보았던 달팽이, 개미, 꿀벌을 찾아갑니다. 느릿느릿 기어가는 달팽이에게 묻습니다. "너는 왜 그렇게 천천히 기어 다니니?" 달팽이는 오히려 나비가 된 데이지에게 되묻습니다. "데이지야, 너는 왜 그렇게 빨리 날아다니니? 언젠가 모두 집으로 돌아갈 텐데. 누구나 자기한테 맞는 시간이 있잖아!"라고 말합니다. 나비는 열심히 일하는 개미에게도 묻습니다. "너는 온종일 왜 그렇게 열심히 일하니?"라고. 개미는 "지금 열심히 일해서 모아두지 않으면 겨울에 먹을 게 하나도 없을 거야. 따뜻한 봄과 무더운 여름과 시원한 가을이 지나면 인제나 추운 겨울이 오지!"라고 말합니다. 데이지는 언제나 붙어 다니는 꿀벌들도 찾아갑니다. 왜 그리 항상 붙어 다니느냐고 묻습니다. 벌들은 이렇게 대답합니다. "같이 들면 힘들지 않아. … 같이 다니면 정말 신나고 재밌거든!" 하고 말합니다. 해가 지고 달님이 나오자, 이제 부엉이가 나타나 데이지에게 부탁합니다. 오늘 있었던 이 신기한 일들을 마음속 깊이 간직하라고….

이 책을 읽고 이렇게 이야기를 나누어보세요.

1. 이야기 알기

1) 데이지는 나비가 되어 무엇이 하고 싶었던 것일까요?

2) 데이지가 달팽이, 개미, 벌로부터 들은 이야기를 생각나는 대로 말해보세요.

2. 그림 자세히 살피기

1) 표지에서 데이지는 지금 무엇을 하고 있나요? 데이지의 기분은 어떤가요?

2) 본문 14쪽, 데이지가 나비가 되어 달팽이와 이야기를 나눌 때 달팽이와 데이지는 둘 다 행복한가요? 왜 그럴까요?

3. 등장인물 되어보기

1) 친구들의 이야기를 다 듣고 난 다음, 데이지는 무슨 생각을 했을까요?

2) 여러분의 꿈은 무엇인가요? 그 꿈이 이루어지면 누구에게 무엇을 물어보고 싶은가요?

이야기를 나눌 때 이런 점을 유의하세요.

'철학함'은 아주 당연시 해왔던 것들에 대해 의문을 던지면서 시작된다고 합니다. 아이들에게 무엇이 되고 싶고, 왜 그렇게 되고 싶은지, 그것이 정말 자신을 행복하게 해줄지 물어보세요. 데이지는 나비가 되고 싶었고, 나비가 되어 여러 가지 사실을 생각하게 되었습니다. 아이들이 데이지가 되어 각자의 꿈을 꾸고, 그 꿈이 이루어졌을 때 무슨 일이 일어날지 상상해보게 하면 좋을 것 같습니다.

book_ 56

글·그림_ 케빈 헹크스

옮김_ 이경혜

출판사_ 비룡소

추천 연령_ 만 3~5세

주제_ 애착과 성장

내 사랑 뿌뿌

이 책은 어떤 책인가요?

아이가 태어나서 살아가는 데 엄마가 없으면 살아가기 어렵지요. 아이도 그것을 잘 압니다. 그래서 엄마에게 집착하며 애착을 형성하지요. 그런데 아이는 점차 엄마가 언제나 어디든지 함께할 수 없다는 사실을 알게 되고, 때로는 자신이 혼자서 독립적으로 해결해야 할 것들이 많다는 사실을 알게 됩니다. 이 과정에서 아이는 심리적으로 약간은 불안정하고, 또 엄마를 대신할 수 있는 엄마의 손길이 가장 많이 간 어떤 대상에 애착을 형성하기도 하지요. 이 책은 바로 이런 내용을 다루고 있습니다.

그림책에 자기의 경험이 반영되어 있으면 아이들은 얼마나 신나고 재미있을까요? 그것 하나만으로도 아이들은 그림책을 좋아하게 되지요. 등장인물을 통해 자기를 발견하고 동일시할 수 있다면 그 책은 정말 잊혀지지 않는 책이 될 것입니다.

이 책은 아이들뿐만 아니라 부모님들에게도 영감을 주는 작품입니다. 어린 아기일 때 쓰던 담요를 학교에 가야 할 나이가 되었는데도 여전히 그것에 집착하는 유아기적 애착 문제를 다루고 있지요. 주인공 오웬은 밥 먹을 때, 놀 때, 잠잘 때, 치과에 갈 때 언제나 어디든지 자기가 어릴 때 사용하던 담요 뿌뿌를 가지고 다닙니다. 아이의 부모는 어떻게 이 문제를 해결해 나갈까요?

이 책은 귀여운 생쥐를 주인공으로 등장시키고, 그 주인공이 겪는 이런 심리적 불안감을 수채화 기법을 사용해서 미묘하고 섬세하게 표현합니다. 절제된 유머가 돋보이는 책이지요. 부모와 아이 모두에게 아이의 성장에 필요한 지혜와 통찰을 제공하는 책입니다.

이 책의 작가는요?

이 책의 작가, 케빈 헹크스(Kevin Henkes, 1960~)는 미국 위스콘신에서 태어났습니다. 그는 아이들의 순수하면서도 개구쟁이 같은 모습을 따뜻하고 재치 있게 표현하는 작가로 평이 나 있습니다. 그가 쓰고 그린 수많은 그림책들 중에는 아이들이 성장하는 과정에서 경험하게 되는 심리적 불안과 그에 대한 해소를 재미있게 묘사한 작품들이 많지요. 수상 경력도 화려합니다. 《내 사랑 뿌뿌》로 1994년 칼데콧 명예상을, 《병 속의 바다》로 2004년 뉴베리 명예상을, 《달을 먹은 아기 고양이》로 2005년 칼데콧 상을, 《조금만 기다려 봐》로 2016년 칼데콧 명예상과 닥터수스 명예상을 받았습니다. 그 밖의 작품으로는 《우리 선생님이 최고야!》, 《세상에서 가장 큰 아이》, 《난 내 이름이 참 좋아!》 등이 있습니다.

이 책의 줄거리는요?

주인공 오웬은 멋지거나 예쁜 장난감이 아닌, 너무 닳고 닳아 너덜너덜한 담요를 매우 좋아합니다. 이 담요는 아기 때부터 늘 가지고 다니던 것으로 뿌뿌라고 합니다. 오웬은 화장실에 갈 때도, 밥을 먹을 때도, 놀 때도 언제나 뿌뿌를 가지고 다닙니다. 오웬은 뿌뿌를 너무 오래 가지고 다녀서, 이제는 더러워지고 냄새가 납니다. 그럼에도 불구하고 오웬은 뿌뿌를 빨지도 못하게 합니다.

그러던 어느 날, 옆집 사는 족집게 아줌마가 뿌뿌의 엄마, 아빠에게 담요 요정 이야기와 담요에 식초 묻히기 등 여러 가지 팁을 알려줍니다. 그러나 이 모든 방법들이 뿌뿌를 너무나 사랑하는 오웬에게는 통하지 않습니다.

오웬은 학교에 가야 합니다. 오웬은 학교에 뿌뿌를 가지고 가겠다고 말합니다. 엄마, 아빠는 안 된다고 말합니다. 엄마의 머릿속에 기발한 아이디어가 떠올랐습니다. 엄마는 뿌뿌를 가위로 싹둑싹둑 잘랐습니다. 그 조각들을 작은 손수건으로 만들었습니다. 오웬도 크게 만족했습니다. 뿌뿌의 문제는 정말 멋지게 해결되었습니다.

이 책을 읽고 이렇게 이야기를 나누어보세요.

1. 이야기 알기

   1) 오웬은 뿌뿌를 얼마만큼 좋아했을까요?
   2) 오웬은 왜 뿌뿌를 잠옷 바지 속에 집어넣고 잠을 잤을까요?

2. 그림 자세히 살피기

1) 본문 14~15쪽, 오웬이 뿌뿌를 가지고 놀 때 마음이 어땠을지 말해보세요.
2) 본문 16~17쪽, 엄마, 아빠가 학교에 뿌뿌를 가지고 갈 수 없다고 말하자 오웬은 마음이 어땠을까요?

3. 등장인물 되어보기
 1) 오웬처럼 담요를 가지고 놀아봅시다. 기분이 어떤가요?

이야기를 나눌 때 이런 점을 유의하세요.

이 책은 아이들이 성장 과정에서 흔히 겪게 되는 심리적 갈등의 문제를 다루고 있습니다. 주인공이 겪는 심리적 갈등의 문제는 앞에서도 얘기했듯이 애착 대상의 전이 현상에서 나타나는 문제입니다. 아이들은 이 책을 읽으면서 자기와 같은 문제를 가지고 있는 주인공을 보면서 매우 신기해하고 좋아할 것입니다. 아이들은 자신이 겪었던 혹은 겪고 있는 문제가 자신만의 문제가 아니라 다른 아이들도 겪는 문제라는 사실을 알게 되지요. 주인공과 마찬가지로 자신의 문제를 해결하려 노력할 겁니다.

이 책을 통해 부모들도 아이의 성장 발달에 도움이 되는 통찰을 얻을 수 있습니다. 어른들에게는 별로 중요해 보이지 않은 사소한 물건이라도 아이들에게는 더없이 소중할 수 있다는 사실과 그것이 아이에게 왜 소중한지 알게 되지요. 아이가 그 소중한 것을 잃었을 때 느끼게 되는 절망감도 이해할 수 있을 것입니다. 한마디로, 이 책은 아이와 어른 모두에게 영감을 주는 책입니다.

이처럼 그림책은 유아의 정서 발달에도 도움을 주는데, 이런 효과를 얻어내기 위해서는 독자가 주인공의 감정에 이입하는 경험을 가지는 게 중요합니다. 감정이입을 통하여 아이는 자신의 감정을 표현할 수 있게 되지요. 그러기 위해서는 우선 아이가 주인공의 감정을 실감 나게 말해보는 것이 필요합니다. 주인공의 감정에 대해 말을 하다 보면 자연스레 자신의 감정을 표현하게 되지요. 자신의 감정을 표현하면 심리적 긴장감이 어느 정도 이완되는 걸 경험할 수 있을 것입니다.

book_ 57

글_ 존 블레이크

그림_ 악셀 셰플러

옮김_ 서애경

출판사_ 사계절

추천 연령_ 만 3~5세

주제_ 자아 정체성

내가 영웅이라고?

이 책은 어떤 책인가요?

'전 세계 어린이에게 사랑받은 토끼! 데일리 비가 보여주는 천진한 세상'이라고 이 책을 소개합니다. 바로 《내가 영웅이라고?》입니다. 존 블레이크(Jon Blake)가 글을 쓰고, 악셀 셰플러(Axel Scheffler)가 그림을 그렸습니다.

인간이 살면서 마땅히 던져야 할 질문은 '나는 누구인가?'라는 물음이지요. 이 물음에 대한 답은 그렇게 쉽게 얻어지지 않습니다. 여기 어린 토끼가 이런 물음을 던지고 답을 알아가고 있네요. 유명한 발달심리학자 에릭 에릭슨(Erik Erikson)은 '인간의 일생은 자기가 누구인지를 알아가는 과정'이라고 말했습니다. 자기가 누구인지 알아야 무엇을 먹을지, 무엇을 하며 살아갈지 알게 되겠지요. 자기를 모르는데 어찌 '목적 있는 삶'을 살아갈 수 있으며, 어찌 자신의 강점과 약점을 알 수 있을까요? 어떻게 의미 있는 삶을 살아갈 수 있을까요?

사람은 자기를 모르고 분수에 넘치는 것을 바라서도 안 되며, 또 자기의 강점을 살리지 못하고 그저 그렇게 살아도 안 되겠지요? 자기를 잘 알 수 있을 때 '자기실현'이 가능하고, '자기실현'이 가능할 때 의미 있는 삶을 살아갈 수 있을 것입니다. 자기를 알아가는 과정은 결코 단 일회적인 사건이 아닙니다. 사는 동안 끊임없이 질문을 던지고, 답을 찾아야 하는 인간의 본질적 물음입니다.

"나 원숭이야?" "나 동굴에서 살아야 해?" "나 물고기 먹어야 해?"와 같은 천진한 질문을 던지는 사랑스러운 토끼, 데일리 비의 매력이 이 책에 담겨 있습니다. 성격 특성이나 이야기 구성에도 결코, 소홀하지 않은 이 책은 전 세계 아이들이 좋아하지요. 만 3~5세 아이들이 읽기 좋은 책이라고 하지만 더 큰 아이들도 충분히 즐길 수 있는 책입니다.

이 책의 작가는요?

이 책의 글 작가, 존 블레이크(1954~)는 영국 버크셔주에서 태어났습니다. 어린아이들을 위한 책뿐만 아니라 소설, 드라마, TV 극본, 라디오 대본 등 여러 매체를 넘나들며 유머와 재치가 넘치는 글들을 쓰고 있는 유명한 작가입니다. 2008년 사회 시스템에 관한 도발적인 문제의식을 담은 청소년 소설 《프리 캣》을 출간해 영국 문단과 독자들의 주목을 한 몸에 받기도 했지요.

이 책의 그림 작가, 악셀 셰플러(1957~)는 독일 함부르크에서 태어났습니다. 지금은 영국 런던에서 애니메이터로 활동하고 있습니다. 그림책에 카툰 형식의 그림을 많이 그리고 있지요. 이 작가 역시 그림책뿐만 아니라 광고, 잡지, 신문 등에 그림을 많이 그렸습니다. 지금은 아이들을 위한 그림을 주로 그리고 있습니다. 특히 전 세계 아이들이 좋아하는 '그루팔로(Gruffalo)' 시리즈로 유명한 작가입니다.

이 책의 줄거리는요?

어린 토끼 데일리 비는 자기가 누구인지 모릅니다. 원숭이인지, 코알라인지, 미치광이인지 모릅니다. 그런데 자기가 누구인지 정말 알고 싶습니다. 누구인지 모를 뿐만 아니라 무엇을 먹어야 할지, 어디에서 살아야 할지, 무엇을 해야 할지도 모릅니다. 그러다가 아주 위험한 상황에 빠집니다. 토끼를 잡아먹고 사는 족제비 재지 디를 만납니다. 그 위기 상황에서 데일리 비는 자기가 토끼라는 사실을 압니다.

자기가 토끼라는 사실을 앎과 동시에 자신이 가진 긴 발로 재지 디를 공중으로 날려버립니다. 그것을 지켜보던 데일리 비의 친구들은 "넌 영웅이야!"라고 말하며 박수를 치며 좋아합니다. 이때 데일리 비는 "어, 내가 영웅이야? 난 토낀 줄 알았는데……" 하는 새로운 물음을 가지게 됩니다.

이 책을 읽고 이렇게 이야기를 나누어보세요.

1. 이야기 알기

  1) 데일리 비는 무엇을 몰랐나요?
  2) 데일리 비가 자기가 누구인지 몰라서 했던 일은 무엇인가요?

2. 그림 자세히 살피기

   1) 본문 9~10쪽, 족제비 재지 디가 나타났을 때 데일리 비의 친구들은 무엇을 했나요?
   2) 본문 9쪽과 23쪽, 데일리 비의 친구들의 표정이 어떻게 다른지 말해보세요.

3. 등장인물 되어보기

   1) 자신이 누구인지, 어디에서 살아야 하는지, 무엇을 먹어야 하는지 모른다면 마음이 어떨까요?
   2) 친구들이 박수를 치며 "너는 영웅이야, 데일리 비"라는 말을 들었을 때 데일리 비는 기분이 어땠을까요?

이야기를 나눌 때 이런 점을 유의하세요.

아이들이 그림책을 읽고 나서 "재미있어요. 또 읽어주세요"라는 반응을 많이 합니다. 그렇다면 어떤 책이 재미있는지 살펴볼 필요가 있지요. 왜냐하면 모든 책이 다 재미있는 것은 아니기 때문입니다. 재미는 어느 한 가지 요소 때문이 아니라 여러 가지 복합석인 요소에 의해 생깁니다. 연구자들은 그림책의 재미 요소를 신기하고 새로운 장면, 무서운 장면, 우스꽝스러운 등장인물의 모습, 점진적 반복을 통한 클라이맥스 장면, 궁금증의 해결 장면, 주의를 집중시키는 특징적인 그림, 기대감을 주는 플롯, 말의 독특한 표현, 감정이입을 위한 시각적 클로즈업, 현실과 환상의 오감 등이라고 말하고 있습니다. 이 책이 지닌 재미 요소는 앞에서 기술한 이 모든 것들을 다 지닌 것 같습니다.

특히, 마지막 부분에서 족제비 재지 디가 데일리 비에게 덤벼드는 장면은 아이들이 긴장감과 짜릿함을 맛볼 수 있도록 시각적으로 과장된 표현과 클로즈업을 함으로써 아이들이 충분히 감정이입 할 수 있게 했습니다. 전체적으로 이야기 구조는 점진적 반복을 사용했고, 마지막에는 반전 구조를 사용함으로써 아이들이 이야기에 몰입하고, 긴장과 해소를 느끼도록 구성되어 있습니다.

이 책은 아이들이 읽으면서 충분히 깔깔거리고 즐길 수 있으면 좋겠습니다. 데일리 비가 보이는 우스꽝스러운 말, 반복되는 질문, 절정의 단계에서 볼 수 있는 시각적 효과 등을 충분히 즐길 수 있도록 안내해주면 좋겠습니다.

book_ 58

글·그림_ 이와사키 치히로

옮김_ 엄혜숙

출판사_ 미디어창비

추천 연령_ 만 3~5세

주제_ 실수와 성장

눈 오는 날의 생일

이 책은 어떤 책인가요?

일본 작가 이와사키 치히로의 작품입니다. 아이의 감성이 참 이쁘게 잘 표현된 책이지요. 표지에 수채화로 그려진 빨간 모자를 쓴 아이의 웃는 듯 웃지 않는 듯한 얼굴이 너무 곱습니다. 무슨 이야기일까요? 해마다 찾아오는 생일을 맞이하면 한 살 더 나이를 먹습니다. 그만큼 성장하겠지요. 우리는 살면서 기분 좋은 날들도, 자랑스럽고 뿌듯한 날들도, 부끄럽고 민망한 날들도 경험합니다. 그러면서 성장해가지요. 이 책은 바로 그런 이야기입니다.

주인공 치이는 내일이면 다섯 살이 됩니다. 그런데 자기 생일 하루 전날인 바로 오늘이 친구의 생일입니다. 아마도 치이는 생일을 기다리면서 몹시 들떠 있었나 봅니다. 생일을 맞이한 친구가 촛불을 꺼야 하는데 그만 실수로 치이가 촛불을 혹 끄고 맙니다. 이 민망한 실수를 치이가 어떻게 극복하는지에 대해 곱고, 아름답게 이야기가 서술되고 있습니다.

치이는 생일 전날 부끄럽고 민망한 실수를 했습니다. 너무 부끄럽고 창피해서 아무도 보고 싶지 않습니다. 그러나 치이 곁에는 치이를 사랑하는 엄마와 친구들이 있습니다. 부끄럽고 민망한 일을 혼자만의 시간으로 극복하기도 하지만 사랑하는 사람이 있어 그것을 극복하도록 도와주기도 하지요. 이런 과정들을 겪으면서 한 살 더 나이를 먹고, 한 살 만큼의 경험을 더하게 되는 것이겠지요.

이 책은 그림이 참 멋있습니다. 덧칠을 해가며 형태를 나타낸 것이 아니라 물감을 묻혀서 흘리고 번지게 해서 형태를 그려냈다고 합니다. 글과 그림이 밀접하게 교호하면서 이야기를 엮어갑니다. 저녁이 되고, 날씨는 조금 추워져서 집으로 가고 싶다는 생각은 그림이 노을을 그려내고, 글은 집으로 가고 싶다는 생각을 간단한 말로 표현해냅니다. 촛불이 흔들릴 때는 흔들리는 촛불뿐만 아니라 글자까지 춤을 춥니다. 많은 여백은 독자의 상상과 해석을 더하게 합니다.

이 책의 작가는요?

이와사키 치히로(岩崎 ちひろ, 1918~1974)는 평생 동안 '아이들에게 평화와 행복을'이라는 주제로 그림을 그렸습니다. 주로 꽃과 아이들을 그렸습니다. 수채화와 수묵화를 결합한 그림들이지요. 작가는 일본 후쿠이현 다케후에서 태어났으나 태어난 다음 해에 도쿄로 이사해서 1945년까지 살았다고 합니다. 1945년 도쿄에 있는 치히로의 집이 폭격을 맞아 나가노 마츠모토에 있는 할머니 집으로 이사를 가서 이후에는 그곳에서 살았다고 합니다. 도쿄와 나가노에 치히로 미술관이 있는 것도 바로 그런 이유입니다.

작가의 삶의 방식에 크게 영향을 미친 두 가지 사건이 있습니다. 하나는 제2차 세계대전의 발발과 일본이 가해자라는 사실을 알고 수많은 피해자들에 대해 죄책감을 가지게 된 사실입니다. 다른 하나는 부모님들의 뜻에 따라 사랑하지 않는 사람과 결혼하게 되었고, 그것이 양심의 가책이 되어 남편에게 고백했는데 그 이야기를 들은 남편이 자살로 생을 마감하게 된 사실입니다. 이 두 사건이 작가에게는 대단한 충격이었고, 죄책감에서 벗어나기 어려웠다고 합니다. 그래서 작가는 이 땅이 평화와 행복이 가득한 세상이기를 기원하게 되었고, 그것을 그림으로 표현했습니다. 이후 그녀는 길지 않은 생애를 어린이 책에 그림을 그리는 일에 전념하게 되었다고 합니다.

작품들로는 《작은 새가 온 날》, 《창가의 토토》, 《봄 아이》, 《여름 아이》, 《가을 아이》, 《겨울 아이》, 《포치가 온 바다》 등이 있습니다. 이런 작품들로 일본뿐 아니라 볼로냐 국제아동도서전 그래픽상, 라이프치히국제도서전 동상 등 세계적으로 굵직한 상들을 많이 수상했습니다. 특히 《창가의 토토》는 일본 교과서에도 실린 유명한 작품입니다.

이 책의 줄거리는요?

치이는 눈 오는 날에 태어났습니다. 내일이 치이의 다섯 번째 생일입니다. 그런데 치이의 생일인 바로 전날인 오늘은 친구의 생일입니다. 생일 선물을 들고 친구의 집으로 갑니다. 조금 늦었습니다. 친구들이 다 와 있고, 생일상은 이미 차려져 있습니다. 생일 케이크에 네 개의 촛불이 일렁거리며 춤을 추고 있었습니다. 그런데 그만 실수하여 치이가 훅 하고 촛불을 꺼버립니다. 친구들도 치이도 모두 당황하기는 마찬가지입니다. 치이는 너무 부끄러워 밖으로 도망을 갑니다. 마구 달립니다. 아무도 만나고 싶지 않습니다. 한참을 헤매다 날씨가 추워졌고 집으로 가고 싶습니다. 어쩔 수 없이 발길을 돌려 집으로 갑니다. 어머니가 반색을 하며 맞이합니다. 그런데 치이는 내일 자기 생일잔치를 하고 싶지 않습니다. 친구들을 볼 면목이 없어서 말이지요. 그런데 생일날 아침 창밖엔 눈이 왔고, 친구들이 생일 선물을 들고 치이를 찾아왔습니다. 치이의 마음이 환하게 밝아집니다.

이 책을 읽고 이렇게 이야기를 나누어보세요.

1. 이야기 알기

   1) 치이는 친구의 생일잔치를 하다 말고 왜 밖으로 뛰쳐나왔을까요?

   2) 치이는 내일이 자기 생일인데 왜 생일잔치를 하고 싶지 않았을까요?

2. 그림 자세히 살피기

   1) 본문 6쪽, 오늘은 누구의 생일인가요?

   2) 본문 7쪽, 글자가 나란히 써 있지 않고 왜 이렇게 비뚤비뚤 써 있을까요?

3. 등장인물 되어보기

   1) 치이가 친구의 생일 케이크에 훅 불을 껐을 때 어떤 기분이

었을까요?

2) 치이의 생일날 친구들이 모두 왔을 때 치이는 어떤 기분이었을까요?

이야기를 나눌 때 이런 점을 유의하세요.

현대의 그림책 작가들은 마치 작곡가들처럼 글과 그림이라는 두 개의 선율을 잘 결합해서 아주 훌륭한 이야기를 만들어내고 있지요. 글과 그림의 관계 유형을 크게 세 가지로 볼 수 있습니다. 글과 그림이 같은 내용을 말하는 일치 관계, 글이 그림의 내용을 보완하거나 확장하는 관계, 글과 그림이 다른 이야기를 하지만 둘이 서로 어우러져 하나의 이야기를 만들어내는 대위 관계의 유형이 있습니다. 이 책은 두 번째 유형인 보완, 확장의 관계로 볼 수 있습니다. 특별히 그림이 아이의 섬세한 마음을 보충하여 멋들어지게 표현하고 있습니다. 아이가 훅 하고 촛불을 끄는 실수를 했을 때는 세상이 깜깜해지는 분위기의 그림, 들판에 나가 서 있을 때는 쓸쓸한 분위기의 그림으로 아이의 감정을 잘 표현하지요. 이 책은 그림이 아이의 감정을 어떻게 표현하는지 물어보면 좋을 것 같습니다.

book_ 59

글·그림_ 서현

출판사_ 사계절

추천 연령_ 만 3~5세

주제_ 감정정화(카타르시스)

눈물바다

이 책은 어떤 책인가요?

울음에 관한 그림책입니다. 우리나라 작가 서현 씨가 글을 쓰고 그림을 그린 책이지요. 우리는 언제 '눈물바다'라는 말을 사용하나요? 이와 비슷한 말로 '대성통곡'이라는 단어도 있습니다. '눈물바다'는 '대성통곡'보다 어감이 좀 더 강렬하지 않나요? 시험도 잘 못 치고, 밥도 맛이 없고, 친구가 약을 올려 실랑이를 벌이다가 자기만 야단을 맞고, 집에 돌아오니 엄마, 아빠는 공룡처럼 싸우고, 잠자리에 드니 눈물이 날 수밖에요. 훌쩍훌쩍 울기 시작한 눈물이 눈물바다를 이루었습니다. 아니 눈물바다가 될 정도로 울었습니다.

많이 울고 나면 카타르시스가 될까요? 그렇다고 합니다. 여러분도 눈물바다가 될 정도로 울고 싶을 때가 있었습니까? 아니 그렇게 울어본 적이 있습니까? 아이들도 이렇게 울고 싶을 때가 있을까요? 있습니다. 많이 울고 나면 감정적으로 좀 편안해질까요? 아마 그렇겠지요. 이 책의 주인공은 실컷 울었습니다. 주인공은 이제 더 이상 낮의 일로 마음이 답답하지 않습니다.

실제로 아이들은 이 그림책을 보고 "이렇게 울고 나면 시원할 거야"라고 생각하지는 않을 것입니다. "정말 카타르시스가 느껴질 거야"라고도 생각하지도 않을 것입니다. 그러나 아이가 이런 그림들을 보면서 무의식적으로, 주인공과 함께 울고 편안해지는 기분을 느낄 수는 있지 않을까요? 한 번쯤 이런 책을 읽어주고 함께 소리 내어 울어보는 장난을 쳐보는 것도 좋을 것 같습니다. 삶은 일회적입니다. 연습이 없다는 뜻입니다. 이런 그림책들을 읽으면서 울음과 웃음을 연습해보는 것도 나쁘지는 않을 것 같습니다.

이 책의 작가는요?

이 책의 작가, 서현(1982~)은 경기도 수원에서 태어났습니다. 홍익대학교 회화과를 다녔고, 한국일러스트레이션 학교에서 공부했습니다. 작가는 만화적 상상과 유머가 있는 그림책을 만들어 독자의 마음속에 오래 기억되고 싶어 합니다. 작가의 다른 책들로는 《커졌다!》, 《간질간질》 등이 있습니다. 대부분 책들은 인간의 감정과 욕망을 세심히 살피고, 그것이 치유되는 과정을 만화풍으로 유머러스하게 표현하고 있습니다.

이 책의 줄거리는요?

이 책의 이야기는 면지에서부터 시작됩니다. 눈물방울들이 가득합니다. 그런데 그 눈물방울들이 우울한 표정들을 짓고 있네요. 학교에서 시험도 잘 못 보고, 밥도 맛이 없고, 짝꿍이 약을 올려 실랑이를 벌이다가 친구가 아닌 자기만 야단을 맞고, 집에 오는데 비가 와서 우산도 없이 비를 맞고 집에 돌아오니 엄마, 아빠는 공룡처럼 싸우고, 밥맛이 없어 밥을 남기니 엄마 공룡은 또 불같이 야단을 치고, 주인공은 그냥 잠자리에 들었습니다. 그런데 눈물이 나기 시작하네요. 훌쩍훌쩍 울기 시작했습니다. 눈물이 조금씩 모이기 시작해 바다를 이루었습니다. 바다에는 낮에 거슬렸던 모든 것들이 둥둥 떠내려갑니다. 주인공의 얼굴에 웃음이 번지기 시작합니다. 어! 그런데 그것들을 그대로 두면 안 될 것 같습니다. 모두 건져내어 말려야겠습니다. 빨랫줄에다 주렁주렁 널고 헤어드라이어로 빨리 말려야겠습니다. 뒤 면지는 앞 면지와는 달리 눈물방울들이 모두 웃고 있네요.

이 책을 읽고 이렇게 이야기를 나누어보세요.

1. 이야기 알기

   1) 주인공은 왜 눈물이 났을까요?

   2) 눈물바다에 떠다니는 것들은 무엇인가요?

2. 그림 자세히 살피기

   1) 앞 면지와 뒤 면지의 차이점이 무엇인가요? 작가가 왜 이렇게 앞과 뒤를 다르게 그렸을까요?

   2) 본문 35~36쪽, 빨랫줄에 널린 것들의 표정은 어떠한가요? 나중에 마르면 어떻게 될까요?

3. 등장인물 되어보기

   1) 엄마, 아빠가 공룡처럼 싸울 때 주인공은 어떤 기분이었을까요?

2) 주인공이 눈물바다에서 노를 젓고 다닐 때 어떤 기분이었을까요?

이야기를 나눌 때 이런 점을 유의하세요.

그림책은 글, 그림, 파라텍스트로 구성되어 있습니다. 그림책에서 글과 그림이 의미를 전달하는 데 매우 중요하게 기여한다는 것을 모르는 사람이 없을 겁니다. 글과 그림뿐만 아니라 그림책의 의미를 전달하는 데 중요하게 기여하는 또 하나의 요소가 있습니다. 바로 파라텍스트입니다. 파라텍스트는 그림책의 본질적 의미를 더 돋보이게 하는 글과 그림 외의 보조적 요소들을 말합니다. 예를 들면, 책의 판형, 표지, 제목, 면지, 종이, 글자체, 글과 그림의 레이아웃 등을 말하지요. 요즘 그림책 작가들은 자신이 의도하는 주제와 의미를 더욱 효과적으로 드러내기 위해 이런 파라텍스트들을 매우 적극적으로 활용합니다. 이 책도 바로 그렇습니다. 이 책은 특히 앞뒤 면지가 그림책의 내용을 매우 효과적으로 전달합니다. 앞 면지와 뒤 면지를 자세히 보고 책의 전체적 내용과 연결해서 이야기를 나누어보세요. 이런 대화가 아이들이 사고를 더 적극적으로 하게 만듭니다.

book_ 60

글·그림_ 브라이언 와일드스미스

옮김_ 우순교

출판사_ 보림

추천 연령_ 만 3~5세

주제_ 본다는 것의 의미

달님이 본 것은?

이 책은 어떤 책인가요?

브라이언 와일드스미스(Brian Wildsmith)의 그림책은 수를 헤아릴 수 없을 만큼 많습니다. 이 책은 브라이언 와일드스미스의 초창기 시절에 나온 그림책입니다. 우리 모두 '세상 구경' 좋아하지요. '본다는 것'의 의미를 어찌 간단히 한마디로 설명할 수 있겠습니까? 그래서 그런지 '본다는 것의 의미'라는 제목으로 책을 쓴 사람도 있지요.

아무것도 보이지 않는 세상에 살고 있는 사람들은 얼마나 세상을 보고 싶을까요? 어느 날 달님은 해님에게 세상 구경도 못하고 살고 있는 자신에 대해 신세 한탄을 합니다. 이 이야기를 들은 해님은 선뜻 달님에게 인심, 아니 해심을 쓰지요. 달을 데리고 이곳저곳 세상 구경을 시켜줍니다. 그런데 이 세상은 서로 다른 것들로 꽉 채워져 있네요. 달님에게는 이런 세상이 아마 충격적이었던 같습니다. 달님은 세상을 환하게 까발려 다 보고 싶은 생각도 있었겠지만, 어느 정도 보고 난 다음에는 까발리지 않고 덮어두는 것도 좋겠다는 생각을 했을지도 모르겠습니다.

이 책의 작가는 자신이 아름답다고 느껴질 때까지 그림 작업을 계속한다고 말합니다. 이 책은 아주 오래된 책이지만 그림이 무척 크고 참 아름답습니다. 글까지 대화식으로 되어 있어서 아이들은 환상적 그림책 읽기를 경험할 수 있을 것 같습니다. 아이들은 자신이 잠잘 동안 무슨 일이 일어나는지에 대해 많이 궁금해할까요? 그런 이야기들을 중심으로 이 책을 한 번 슬쩍 읽어주면 참 좋을 것 같습니다.

책 읽기의 효과는 즉각적으로 일어나는 것이 아니라, 얼마간 시간이 지난 다음, 아니 먼 훗날 어떤 상황에 직면했을 때 오래전에 읽었던 책 생각이 나기도 하는 것 같습니다. 간단히 말하면 책 읽기의 효과는 평생을 두고 일어난다는 뜻입니다. 이 세상은 우리 눈에 보이는 것이 결코 전부일 수 없습니다. 볼 것은 보고, 보지 않을 것은 좀 덮어두고 사는 것도 괜찮지 않을까요? 이 책은 우리에게 던지는 묵시적 의미도 대단하지만 간단하게는 아이들이 반대개념을 익히기에도 도움이 됩니다.

이 책의 작가는요?

이 책의 작가, 브라이언 와일드스미스(1930~2016)는 영국에서 태어난 세계적인 그림책 작가입니다. 광부의 아들로 태어나 요크셔 탄광촌에서 자랐습니다. 열여섯 살 때 화가가 되기로 결심하고 반슬레이 미술학교를 다녔다고 합니다. 반슬레이를 졸업한 후 런던 대학의 예술학부로 진학해 3년을 더 공부했습니다. 1960년 옥스퍼

드 출판사의 동화책 편집장인 메이블 조지(Mabel George)의 눈에 띄어 그림책의 그림을 그리기 시작했습니다.

그는 존 버닝햄, 찰스 키핑(Charles Keeping)과 함께 영국을 대표하는 3대 그림책 작가로 불리고 있지요. 그는 특히 현란하리만치 화려하고 다채로운 색상으로 그림을 그려 '색채의 마술사'라고도 불립니다. 그는 색채뿐만 아니라 다양한 형식, 절제되고 리듬감 넘치는 문장으로도 유명합니다. 1962년 《브라이언 와일드스미스의 ABC 동물원》으로 케이트 그린어웨이 상을 받았습니다. 다른 작품들로는 《사자와 생쥐》, 《개에게 뼈다귀를 주세요》, 《정글 파티》 등 많은 작품이 있습니다.

이 책의 줄거리는요?

어느 날 달님이 해님에게 세상을 보지 못하고 살고 있는 자신의 처지에 대해 투덜거리면서 세상을 보고 싶다고 말을 합니다. 무엇이든 환하게 비춰서 다 볼 수 있는 해님은 달님에게 선뜻 세상 구경을 시켜주겠다고 말합니다. 해님은 달님을 데리고 이곳저곳 세상을 다 보여줍니다. 도시와 시골, 집의 안과 밖, 커다란 숲과 그 속의 작은 꽃, 강아지의 앞과 뒤, 아주 무거운 코끼리와 아주 가벼운 새, 무늬가 있는 표범과 무늬가 없는 사자, 뚱뚱한 하마와 홀쭉한 도마뱀, 목이 긴 기린과 목이 짧은 너구리, 무서운 호랑이와 겁 많은 토끼, 힘이 없는 아기 고양이와 힘센 곰, 무척 빠른 치타와 무척 느린 거북이 등 이 세상에 있는 모든 것들을 다 보여줍니다. 세상을 다 보여주고 난 해님이 자기는 모든 것을 다 볼 수 있어서 참 다

행이라고 말합니다. 그런 해님에게 달님은 너도 보지 못하는 것이 있다고 말해줍니다. 그것은 바로 어둠이라고 말이지요.

이 책을 읽고 이렇게 이야기를 나누어보세요.

1. 이야기 알기
   1) 해님은 달님에게 무엇을 보여주었나요?
   2) 달님은 해님이 보여준 것들을 다 보고 난 후 무슨 생각을 했을까요?

2. 그림 자세히 살피기
   1) 표지에서 달님은 해님의 도움으로 무엇을 보고 있나요?
   2) 본문 29쪽, 해님의 도움 없이 달님 혼자서 볼 수 있는 어둠은 어떻게 생겼을까요?

3. 등장인물 되어보기
   1) 해님은 달님에게 세상 구경을 다 시켜주고 난 다음 기분이 어땠을까요?
   2) 세상 구경을 다하고 난 달님은 어떤 기분이었을까요?

이야기를 나눌 때 이런 점을 유의하세요.

이야기의 이야기다움은 이야기 구조에 의해 많이 결정되지요. 이 책은 아이들이 좋아할 만한 이야기 구조를 지니고 있습니다. 이 책의 중반부는 대조적 구조가 반복적으로 나오고, 결말 부분은 반전 구조로 되어 있습니다. 대조적 구조는 상반된 성질을 가진 것을 맞세워놓음으로써 그중 하나 또는 둘 다를 선명하게 돋보이게 하는 수사법입니다. 이 세상에 존재하는 상반된 것들을 글로 제시하고 그 내용을 그림으로 표현하고 있어 아이들이 특별한 교육을 받지 않더라도 직감적으로 내용을 이해하게 되어 있습니다.

전체 구성은 비교적 단순한 구성이지만 반전 구조의 플롯입니다. 반전 구조는 독자의 기대를 어긋나게 함으로써 작품의 효과를 극대화하고 새로운 것을 발견하게 합니다. 대조적 구조나 반전 구조 둘 다 아이들이 이야기를 즐기고 기쁨을 느끼기에 좋은 수사법들이지요.

아이들이 책을 읽으면서 대조적 사물들에 대해 서로 비교하는 즐거움을 느끼게 하고, 마지막 반전 결말은 이야기를 나누며 좀 생각해보는 시간을 가지면 좋겠습니다.

book_ 61

글·그림_ 이호백

출판사_ 재미마주

추천 연령_ 만 3~5세

주제_ 모험 즐기기

도대체 그 동안 무슨 일이 일어났을까?

이 책은 어떤 책인가요?

이호백 작가의 멋진 그림책입니다. 어디에선가 이분이 강의를 하시면서 "이 주인공이 동물입니까 아니면 사람입니까?"라고 사람들에게 묻던 기억이 납니다. 이 책의 주인공은 토끼로 봐도 좋고, 사람으로 봐도 좋을 것 같습니다. 작가는 분명 토끼를 의인화한 것 같습니다.

어린 꼬마들에게는 언제나 금지된 것들이 있게 마련이지요. 그런데 아이들은 해보고 싶은 것이 너무 많습니다. 엄마 화장품으로 화장도 해보고 싶고, 엄마의 옷도 입어보고 싶고, 엄마의 뾰족구두도 신어보고 싶습니다. 그 외 하고 싶은 것들이 너무 많지요. 때로 엄마가 안 보는 사이에 슬쩍 해보기도 합니다. 그러나 엄마는 보지 않아도 아이가 무슨 짓을 했는지 다 압니다.

이 책은 특히 그림도 멋지고 이야기도 멋집니다. 그림 중 어떤 것은 흐린 회색 톤으로, 또 어떤 것은 아주 다채로운 색상으로 그렸습니다. 이야기는 어느 날 아파트 베란다에 살고 있던 토끼가 베란다 문을 스르르 열고 들어오면서부터 시작되지요. 평소 하고 싶었던 여러 가지 행동들을 다 합니다. 문제는 가는 곳마다 흔적을 남긴다는 것이지요. 가는 곳마다 토끼 똥을 하나씩 흘립니다. 아이들은 이것을 볼 때마다 자지러질 듯 재미있어 하지요. 이야기는 아이들의 삶을 반영하지 않는다면 결코 재미가 없을 것입니다. 토끼 이야기가 바로 자신의 이야기일 때 아이들은 책 속으로 빠져들게 되지요.

이 책의 작가는요?

이 책의 작가, 이호백(1962~)은 서울에서 태어났습니다. 서울대 응용미술학과를 졸업하고 파리 제2대학 커뮤니케이션과 이미지학과에서 공부했습니다. 프랑스에서 공부할 때 토미 웅게러(Tomi Ungerer)의 그림책을 보고 그림책을 어떻게 만들어야 하는지에 대해 깊게 생각하게 되었다고 합니다. 유학 후, 어린이 책 전문 출판사에서 기획과 편집 일을 하다가 결국 자신이 직접 '재미마주'라는 출판사를 만들어 운영하게 됩니다. 출판인과 작가의 길을 동시에 걷고 있다는 뜻입니다. 이 말은 작가로서 작품을 만들 때 출판인으로서의 입장을 고려하면서 작품을 만들고 제작한다는 뜻입니다. 책 한 권을 만드는 데 거의 3년이 걸린다고 합니다. 그만큼 좋은 책을 만들기 위해 심혈을 기울인다는 뜻이지요.

작가의 다른 작품들로는 그가 글을 쓰고 그림을 그린 책은 '꼬마책, 동물의 세계' 시리즈, 《쥐돌이는 화가》, 《도시로 간 꼬마 하마》 등이 있으며, 글을 쓴 책으로는 《뽀끼뽀끼 숲의 도깨비》, 《세상에서 제일 힘센 수탉》 등이 있습니다. 《도대체 그 동안 무슨 일이 일어났을까?》는 2003년 〈뉴욕타임스〉 우수 도서로 선정되었습니다.

이 책의 줄거리는요?

 베란다에서 살고 있던 토끼가 어느 날 식구들이 모두 외출하고 난 뒤 슬그머니 베란다 문을 열고 들어옵니다. 그동안 베란다 문을 통해 보아왔던 인간 생활을 즐기기 시작합니다. 먼저 냉장고 문을 열고 밤참을 꺼내어 먹습니다. 그다음에는 과자를 꺼내 먹으며 슬며시 소파에 기대어 앉아 눈사람이 나오는 비디오를 즐깁니다. 안방으로 들어가 화장품에 손을 댑니다. 안방 주인의 립스틱을 입에 쓰윽 칠해봅니다. 이 집 막내딸의 고운 옷도 한 번 입어보고요. 책도 읽어봅니다. 뭐 이리 재미없는 책을 보느냐고 핀잔까지 하면서 말입니다. 문제는 가는 곳마다 토끼 똥을 하나씩 흘려놓는다는 것이지요. 이 집 식구들이 돌아올 시간이 거의 다 되었습니다. 베란다 문을 다시 열고 밖으로 나가 자기 자리에 시치미를 뚝 떼고 앉아 있습니다.

이 책을 읽고 이렇게 이야기를 나누어보세요.

1. 이야기 알기

 1) 집주인이 외출하고 난 다음 토끼는 무슨 일들을 했나요?

 2) 집주인이 돌아왔을 때 집 안은 어땠을까요? 집주인은 그것이 누가 저지른 일인지 알 수 있을까요?

2. 그림 자세히 살피기

1) 토끼가 어디에 똥을 흘렸는지 찾아봅시다.
2) 본문 7~8쪽을 보여주며, 토끼가 집 안에 들어온 시간이 밤일까요 아니면 낮일까요? 어떻게 알 수 있나요?

3. 등장인물 되어보기
1) 토끼가 집 안에 들어와 이것저것을 하며 돌아다닐 때 어떤 기분이었을까요?

이야기를 나눌 때 이런 점을 유의하세요.

이 책은 글과 그림이 교차적 관계를 이루며 이야기를 이어가는 책입니다. 즉, 글이 말하기 좋은 이야기는 글이 하고, 그림이 말하기 좋은 이야기는 그림이 합니다. 서로 중복적으로 말하지 않습니다. 물론 그런 부분이 전혀 없는 것은 아닙니다. 그래서 이 책은 그림을 좀 더 자세히 읽어야 하는 책입니다. 그래야 책이 훨씬 더 재미있어집니다. 특별히 주인공은 모르지만 독자는 아는, 그래서 독자가 우월감을 느끼게 되는 재미를 주는 부분이 토끼가 똥을 흘리는 장면입니다. 한 장면, 한 장면을 대할 때마다 토끼 똥을 찾게 하면 재미있을 것입니다.

book_ 62

글·그림_ 데지마 게이자부로

옮김_ 정근

출판사_ 보림

추천 연령_ 만 3~5세

주제_ 자연의 경이로움, 성장

아기 곰의 가을 나들이

이 책은 어떤 책인가요?

일본 홋카이도에서 태어나고 자란 데지마 게이자부로(手島圭三郎)가 만들어내는 가을 풍경을 한 번 구경해 보시지요. 《아기 곰의 가을 나들이》입니다. 아기 곰이 머루를 따고, 연어 잡는 것을 배우는 이야기입니다.

이 책은 이야기도 이야기이지만 그림이 참 좋은 그림책입니다. 그림이 매우 강한 인상을 남기는 책입니다. 붉게 물든 머루 이파리와 보라색 머루, 높고 푸른 가을 하늘, 알록달록 물든 가을 산, 강물에 일렁이는 달빛, 그 속에 춤추듯 흐르는 연어들의 모습, 그 어느 것도 일품 아닌 게 없습니다.

목판화로 이렇게 멋있는 이미지를 그려낼 수 있다는 것이 참 신기합니다. 이런 이미지를 그림책으로 경험한 아이가 달빛 어린 강물을 바라보게 된다면 어떤 느낌을 가지게 될까요? 아니, 달빛 어린 강물을 먼저 경험하고 이런 책을 읽게 된 아이들은 또 어떤 느낌일까요? 그림책을 읽지 않은 사람들이 느끼는 느낌과는 사뭇 다를 것입니다. 그림책은 이렇게 우리들에게 볼 수 있는 눈과 들을 수 있는 귀를 만들어줍니다. 그리고 느낄 수 있는 마음을 만들어 줍니다.

이 책의 작가는요?

데지마 게이자부로(1935~)는 일본 홋카이도에서 태어났습니다. 홋카이도의 자연을 소재로 한 목판화로 된 그림책을 많이 펴냈습니다. 그의 그림은 차갑고 시원한 느낌입니다. 볼로냐 국제아동도서전 그래픽상, 일본아동복지문화 장려상, 일본 그림책 상 등 수상 경력이 화려합니다. 우리나라에 번역된 그의 다른 작품으로는 《섬수리 부엉이 호수》, 《큰고니의 하늘》, 《북쪽 나라 여우 이야기》 등이 있습니다.

이 책의 줄거리는요?

아기 곰이 태어나서 처음으로 연어 잡는 것을 배웁니다. 겨울잠을 자기 위해서는 반드시 연어를 잡아 기름으로 배를 채워야만 합니다. 연어를 잡기 위해서는 연어들이 살고 있는 강물을 먼저 바라보아야 합니다. 엄마 곰은 아기 곰이 머루나무 위에 올라가서 멀리 연어들이 살고 있는 강물을 보게 합니다. 그리고 먼저 물속으로 들어가 연어를 잡는 시범을 보입니다. 한참 만에 고개를 내민 엄마 곰의 입에는 커다란 연어 한 마리가 있습니다. 아기 곰은 이제 연어 고기를 먹을 수 있다고 좋아했을지도 모르겠습니다. 그런데 엄마 곰은 자기가 먹을 것은 자기가 직접 잡아야 한다고 냉정하게 말합니다. 아기 곰은 연어를 잡기 위해 물속으로 뛰어듭니다. 처음부터 쉽게 연어가 잡히지는 않겠지요? 물결에 일렁이는 달빛이 큰 연어같이 보이기도 합니다. 엄마 곰은 "그건 달빛"이라고 말해줍니다. 아기 곰은 몇 번인가 시행착오를 겪습니다. 포기하고 싶은 마음도 들었을 것입니다. 마침내 아기 곰이 연어를 잡았습니다.

이 책을 읽고 이렇게 이야기를 나누어보세요.

1. 이야기 알기

   1) 무슨 이야기인가요?
   2) 엄마 곰은 왜 아기 곰이 물속에 뛰어들어가 연어를 잡아야 한다고 말했을까요?

2. 그림 자세히 살피기

   1) 본문 7~10쪽 그림들을 보며, 날씨가 어땠을까요? 추웠을까요? 더웠을까요? 시원했을까요? 왜 그렇다고 생각하나요?
   2) 본문 13~16쪽, 달빛에 비친 강물은 어떤 느낌인가요?

3. 등장인물 되어보기

   1) 엄마 곰이 연어를 잡아 강물 위를 떠오르는 것을 보고 아기 곰은 마음이 어땠을까요?
   2) 아기 곰이 연어를 잡았을 때의 느낌은 어땠을까요?

이야기를 나눌 때 이런 점을 유의하세요.

그림책은 인간과 인간의 마음을 이어주는 아주 훌륭한 매체입니다. 그림책을 통해 우리는 함께 즐거움과 기쁨을 느끼고, 슬픔과

외로움도 느끼고, 따뜻함과 쓸쓸함도 느끼지요. 그러면서 현실 세계를 경험하기도 하고 이해하기도 하지요. 작가는 글뿐만 아니라 그림으로도 이야기 내용과 분위기를 표현합니다. 아이들은 이런 그림들을 보면서 상상하고 경험하게 됩니다. 모든 그림책이 다 똑같이 아이들에게 상상과 즐거움을 경험하게 하는 것이 아닙니다. 책의 질적 수준에 따라 다르게 경험되지요.

  이 책은 특히 가을 풍경을 아주 멋있게 그리고 있습니다. 청량한 하늘, 머루를 따 먹는 곰들, 달빛이 비치는 강물, 그 속을 헤엄쳐 다니는 연어 떼들을 상상하면서 내용을 이해해야 책이 전하는 느낌을 제대로 맛볼 수 있습니다. 아이들이 이 그림들을 보면서 제대로 가을 풍경을 즐길 수 있도록 도와주시기 바랍니다. 딱딱한 말의 의미보다는 시각화된 그림들을 보면서 내용을 추리하고 이해할 수 있도록 해주시면 좋겠습니다.

book_ 63

글·그림_ 제임스 도허티

옮김_ 이선아

출판사_ 시공주니어

추천 연령_ 만 3~5세

주제_ 꿈꾸기, 은혜 갚기, 우정

앤디와 사자

이 책은 어떤 책인가요?

1938년에 출간한 아주 오래된 책입니다. 로마의 전설 '안도로클레스와 사자'의 이야기를 각색한 것이지요. 작가는 오래전에 세상을 떠났지만, 작가의 작품은 아직도 살아남아 전 세계 아이들로부터 여전히 사랑을 받고 있습니다. 제임스 도허티가 미국 그림책 작가 중 가장 천재로 지목되는 것은 바로 이 책 때문이라고 합니다. 세대를 걸쳐서 오랫동안 사랑을 받아온 생명이 긴 그림책이지요.

이 책에 나오는 이야기는 아주 간단합니다. 그러나 책 내용은 좀 긴 편입니다. 보통의 그림책들이 32쪽에 그치지만 이 책은 76쪽입니다. 그리고 3부작으로 이야기가 전개되고 있습니다. 이 책이 이토록 오랫동안 아이들의 사랑을 받는 이유는 책의 구성과 그림에 있는 것 같습니다. 우리가 드라마를 보면 다음 회차의 이야기를 매우 궁금해하는 것처럼 이 책도 바로 다음 페이지의 이야기가 매우 궁금하게 만들어졌습니다. 매우 간결한 문장이지만 언제나 그 문장을 다 완성 짓지 않고 다음 장에서 이어지게 만들어놓았습니다.

그다음에 이어지는 문장은 매우 중요한 사건을 말하고 있습니다. 그래서 빨리 책장을 넘기게 되고, 그렇게 되면 그림이 하나의 애니메이션처럼 살아 움직입니다. 채색은 갈색과 검은색만을 사용하고 있지만 그림이 마치 총천연색으로 살아 움직이는 것 같습니다.

이 책은 그림이 이야기를 충실하게 설명하고 있습니다. 그러나 글은 그림이 하지 못하는 이야기를 아주 간결하게 설명해줍니다. 예를 들면, 엄마가 머리를 빗어줄 때 앤디는 사자를 생각한다고 글은 말합니다. 그런데 그림은 엄마가 앤디의 머리를 빗어주는 장면뿐입니다. 결과적으로 그림이 이야기를 읽는 데 많은 도움을 주지만 이야기의 완성은 글이 진행합니다. 그 글이 매우 간결하지요. 아마도 작가가 이 책을 쓸 때 글과 그림의 균형이나 독자가 책에 빠져들게 만드는 여러 가지 기법들에 대해 상당히 고민하면서 만든 책 같습니다.

이 책의 작가는요?

이 책의 작가, 제임스 도허티(James Daugherty, 1889~1974)는 미국 노스캐롤라이나주 애쉬빌에서 태어났습니다. 워싱톤 D.C.의 코크란 예술학교, 필라델피아, 런던 등에서 예술 공부를 했습니다. 이후 작가는 뉴욕시에서 광고 그림을 그리는 것을 시작으로 현대 회화, 잡지의 삽화, 벽화 등에 그림을 그렸습니다. 그러다가 자신이 직접 글을 쓰고 그림을 그리게 되었지요. 죽을 때까지 약 90여 권의 책을 남겼습니다. 매우 역동적으로 그려진 이 책 《앤디와 사자》는 미국 아동문학 최고의 명예인 뉴베리 메달과 칼데콧 명예상을 받았습니다.

이 책의 줄거리는요?

앤디의 머릿속에는 온통 사자 생각으로 가득합니다. 그는 도서관에 가서 사자 도감을 빌려옵니다. 아마도 집중해서 재미있게 읽었겠지요. 사자 생각으로 가득한 손자를 위하여 할아버지는 어느 날 밤, 잠잘 시간에 사자 이야기를 해주셨습니다. 그날 밤 앤디는 꿈속에서도 사자를 만납니다. 아침이 되어 앤디는 책 꾸러미를 흔들며 휘파람을 불면서 학교로 갑니다. 그런데 길모퉁이에 뭐 이상한 것이 삐죽 나와 있는 것을 발견합니다. 앤디는 가까이 가서 그것을 살짝 만져봅니다. 그런데 꿈틀합니다. 사자였습니다. 순간 앤디는 도망을 쳐야 한다고 생각했습니다. 사자도 그렇게 생각했습니다.

둘은 바위를 두고 돌고 돌면서 쫓기고 쫓습니다. 그런데 그 둘이 그만 딱 맞닥뜨리고 맙니다. 그런데 사자가 발을 내미는 것입니다. 사자의 발에 커다란 가시가 박혀 있습니다. 앤디는 늘 갖고 다니던 집게로 그 가시를 빼줍니다. 사자는 너무 좋아서 앤디를 얼싸안고 얼굴을 핥아줍니다. 둘은 각자 자기 길을 갔습니다.

봄이 되자 마을에 서커스단이 옵니다. 그 서커스단의 가장 큰 사자가 울타리를 넘어 탈출합니다. 마을은 온통 난리가 났겠지요? 상상해보시기 바랍니다. 그런데 앤디가 그 사자와 마주칩니다. 이전에 가시를 빼줬던 그 사자입니다. 앤디는 사자를 덥석 끌어안죠. 서커스를 구경하던 사람들이 난리법석을 피웁니다. 두려움에 떨며 사자를 잡으려는 사람들에게 앤디는 이렇게 외칩니다. "사자를 해치지 마세요! 이 사자는 내 친구예요." 앤디는 성대한 대열 속에서 사자와 함께 행진합니다. 사람들은 환호와 박수를 보냅니다.

이 책을 읽고 이렇게 이야기를 나누어보세요.

1. 이야기 알기

    1) 앤디는 머릿속에 사자 생각으로 가득합니다. 그래서 그는 어떻게 했나요?

    2) 앤디는 어떻게 사자를 만나게 되었을까요?

2. 그림 자세히 살피기

    1) 그림책의 전체 페이지를 '휘리릭' 한 번 넘겨보세요. 느낌을 말해보세요.

    2) 본문 3쪽과 72쪽, 앤디는 사자 도감을 돌려주기 위해 도서관에 갑니다. 처음 사자 도감을 빌리기 위해 도서관에 갈 때와 어떻게 다른가요?

3. 등장인물 되어보기

    1) 할아버지가 앤디에게 사자 이야기를 들려줄 때 앤디는 어떤 기분이었을까요?

    2) 앤디와 동네 친구들이 사자와 친구가 되어 함께 놀 때 앤디의 기분은 어땠을까요?

이야기를 나눌 때 이런 점을 유의하세요.

이 이야기는 이솝 우화에서 나왔습니다. 이솝 우화는 주로 동물을 중심으로 만들어진 이야기지요. 주로 독자에게 교훈을 주기 위한 것이지요. 그림책 읽기의 가장 중요한 목표는 재미와 즐거움입니다. 그래서 아이들에게 그림책을 읽어줄 때 가장 주의해야 할 것은 책 읽기가 싫지 않도록 해야 합니다. 책 읽기가 싫지 않도록 하기 위해서는 무엇인가를 자꾸 가르치려 하지 말아야 합니다. 아이들이 책 내용에 대해 스스로 생각하고 깨닫게 해야 합니다.

이 책은 생각거리가 참 많고, 그림책의 여러 가지 재미 요소들이 있어서 책 읽기가 참 즐거울 것입니다. 직접적으로 무엇인가를 가르치는 것은 조심스러운 일이지만, 이 책에서는 여러 가지 질문들을 하여 독자가 앤디와 자신의 입장을 서로 연결해보게 하면 좋겠습니다. 예를 들면, "앤디는 무엇을 알고 싶었나요? 너는 무엇을 알고 싶니?" "앤디가 사자에 관해 알고 싶어서 어떻게 했나요? 너는 어떻게 하고 싶니?" "앤디는 어떻게 사자와 친구가 될 수 있었을까요? 무섭지 않았을까요? 네가 원하는 것을 이루려면 어떤 어려움이 있을까?" 등에 대해 대화를 나누면 좋겠습니다.

book_ 64

글_ 쓰쓰이 요리코

그림_ 하야시 아키코

옮김_ 이영준

출판사_ 한림출판사

추천 연령_ 만 3~5세

주제_ 성장, 처음 경험

이슬이의 첫 심부름

이 책은 어떤 책인가요?

쓰쓰이 요리코가 글을 쓰고, 하야시 아키코가 그림을 그린 책입니다. 다섯 살 꼬마가 처음으로 혼자 엄마 심부름을 하는 이야기입니다. 가게에 가서 우유를 사오는 일이지요. 여러 가지 어려운 일들을 겪지만, 성공적으로 우유를 사옵니다. 가슴이 콩닥콩닥 뛰는 이슬이의 심리묘사를 잘해놓은 책입니다.

책 표지 한 번 보세요. 이슬이의 얼굴 표정이 어떤지. 뭔가 해냈을 때의 그 기쁨이 정말 잘 그려져 있지 않나요? 이 책은 그림만으로도 충분히 이야기를 따라갈 수 있는 아주 잘 그려진 책입니다. 배경은 일본이지만, 어쩐지 한국의 골목길과 가게들을 보는 듯합니다.

이슬이가 첫 심부름을 합니다. 누구에게나 처음 경험은 있습니다. 처음 경험이 없으면 그다음 경험도 없겠지요. 처음 경험은 언제나 도전이 있기 마련입니다. 가슴이 콩닥콩닥 뛰지만 한 번 도전해보는 용기를 가지게 만드는 책, 사람으로 살아가는 길을 가르쳐주는 작품입니다. 그림책은 이렇듯 언제나 우리들 삶의 모습을 이리저리 비춰주고 있네요.

이 책의 작가는요?

이 책의 글 작가, 쓰쓰이 요리코(1945~)는 일본 도쿄에서 태어났고, 학교를 졸업하고 광고 회사에 근무했습니다. 현재도 그림책과 동화 창작에 전념하고 있다고 합니다. 이 작가는 글도 쓰고 그림도 그립니다. 그녀는 하야시 아키코와 작업을 같이 많이 했습니다. 대표적인 그림책으로 이 책 외에 《순이와 어린 동생》, 《우리 친구하자》 등이 있습니다.

이 책의 그림 작가, 하야시 아키코(1945~)는 우리나라에서 꽤 인지도가 높은 작가입니다. 작가의 대부분 작품들은 아이들의 삶에서 흔히 일어나는 평범하고 소박하고 따뜻한 이야기들입니다. 그 소박한 이야기들을 아이들의 시선에서 사실적으로 묘사하고 있지요. 사실적인 그림들을 그려서 아이들이 그림만 보고도 이야기에 푹 빠져들게 합니다. 대부분의 책들이 우리나라에 번역되어 있습니다. 《달님 안녕》, 《목욕은 즐거워》, 《싹싹싹》, 《구두구두 걸어라》, 《순이와 어린 동생》, 《숲 속의 요술물감》, 《오늘은 무슨 날?》 《나도 캠핑 갈 수 있어!》, 《신비한 크리스마스 이야기》, 《윙윙 실팽이가 돌아가면》, 《나도 갈래》, 《할머니 집 가는 길》, 《오늘도 좋은 하루》, 《종이비행기》, 《무지개산의 비밀》, 《즐거운 빵 만들기》 등이 있습니다.

이 책의 줄거리는요?

"이슬아! 너 혼자 심부름할 수 있겠니?"라는 말로 이야기는 시작됩니다. 이 책은 그림을 좀 자세히 보아야 합니다. 가스레인지 위에 냄비와 주전자가 부글부글 끓고 있고, 개수대에는 설거짓거리가 쌓여 있습니다. 아기는 심하게 울고 있고, 부엌 바닥에는 청소기가 내동댕이쳐 있습니다. 엄마는 머리도 제대로 빗지 못한 모습입니다. 아기는 울고 있고, 엄마는 활짝 웃으며 이슬이를 바라보면서 말하고 있지만 사실 정신이 없는 것 같습니다.

이슬이는 처음으로 심부름을 갑니다. 씩씩하게 걸어가고 있습니다. 어쩨 걸음이 좀 어색해 보입니다. 이슬이가 너무 긴장해서 그런 것일까요? 담벼락에 고양이 한 마리가 붙어 서 있습니다. 가다가 자전거를 탄 아저씨를 만나기도 하고, 친구 영수도 만납니다. 가다가 넘어지기도 하고, 동전을 떨어뜨리기도 합니다. 겨우 동전을 찾아 가게에 도착하지요.

"우유 주세요"라고 말하지만 소리가 크게 나오지 않습니다. 그러는 사이, 안경 쓴 아저씨가 나타나 담배를 사갑니다. 이제 이슬이가 "저어…" 하고 말하려는 순간 뚱보 아줌마가 나타나 빵을 사갑니다. 가게에는 이슬이 혼자 남았습니다. 드디어 이슬이가 크게 소리 내어 말합니다. "우유 주세요!" 가게 아줌마가 못 알아보아 미안하다고 말하며 우유를 줍니다. 이슬이의 눈에서는 눈물이 한 방울 똑 떨어집니다. 가게 앞 게시판에는 고양이를 찾는다는 게시물이 붙어 있습니다. 집에 다 와가는데 언덕길 아래에서 엄마가 기다리고 서 있습니다.

이 책을 읽고 이렇게 이야기를 나누어보세요.

1. 이야기 알기

    1) 이슬이가 심부름을 하기까지 무슨 일들이 있었나요?

    2) 안경을 쓴 아저씨, 뚱보 아줌마보다 이슬이가 먼저 가게에 도착했는데 왜 이슬이가 맨 나중에 우유를 사게 되었을까요?

2. 그림 자세히 살피기

    1) 본문 1~2쪽, 엄마는 왜 이슬이에게 심부름을 시켰을까요?

    2) 본문 9~12쪽, 이슬이가 넘어졌다가 다시 일어나 아픈 다리를 만지며 무엇을 찾고 있었는데 그것이 무엇일까요?

3. 등장인물 되어보기

    1) 이슬이가 되어 처음으로 심부름갈 때의 느낌을 말로 표현해 봅시다.

    2) 엄마는 밖에서 이슬이를 기다리며 무슨 생각을 하고 있었을까요?

이야기를 나눌 때 이런 점을 유의하세요.

이 책은 글과 그림이 매우 역동적 관계를 이루며 이야기를 전하는 책입니다. 특히 글보다 그림이 이야기를 더 풍성하게 전하고 있습니다. 그림이 표현하기 곤란한 것들만 글이 표현하고 있지요. 이 책은 그림에다 돋보기를 갖다대듯이 그림을 보면서 이야기의 내용을 살피는 것이 중요합니다. 아이들이 위의 질문에 답을 할 때 그림을 많이 참조하도록 유도하시기 바랍니다.

book_ 65

글·그림_ 조프루아 드 페나르

옮김_ 이정주

출판사_ 베틀북

추천 연령_ 만 3~5세

주제_ 가족 사랑

제가 잡아먹어도 될까요?

이 책은 어떤 책인가요?

이 책은 늑대 이야기를 패러디한 그림책입니다. 패러디 그림책은 여러 가지 유형이 있는데 이 그림책은 인물의 성격을 변형시킨 대표적인 패러디 그림책입니다. '상호텍스트성(intertextuality)'도 강한 그림책입니다. 상호텍스트성이란 현재의 텍스트가 다른 텍스트들과 관련이 있는 것을 말합니다. 관련 있는 텍스트들의 내용을 알면, 현재 읽고 있는 책의 내용을 이해하기 쉽지요. 간단히 말하면, 이 책은 현대 그림책의 특성들을 많이 가진 비교적 재미있는 책입니다.

이 책의 주인공 늑대, 루카스는 우리가 기대하던 강한 늑대가 아니라 마음이 약한 늑대입니다. 보통의 늑대들과 다른 행동과 말을 합니다. 평화로운 가정에서 살던 늑대가 성장해서 집을 떠나기로 마음을 먹습니다. 가족들의 사랑과 걱정을 한 몸에 받으면서 집을 떠난 늑대는 길을 가면서 여러 동화책 속의 주인공들을 만나지만, 정작 그들의 애절한 사연을 듣고 나면 잡아먹지 못하고 모두 놓아줍니다.

아이들은 이런 의외의 늑대를 만나 놀라기도 하고, 늑대에 대한 자신들의 생각을 바꾸기도 합니다. 아이들은 이 책에 더욱 흥미와 재미를 느끼지요. 누군가를 잡아먹고 살아야 하는 늑대도 자기의 본성을 죽일 수가 있군요. 가족들을 생각하는 마음이 루카스를 이렇게 다른 동물들을 잡아먹지 못하게 만든 것 같습니다. 화목한 가정은 못된 본능적 성격도 바꿀 수 있는 힘이 있는 것 같습니다.

이 책의 작가는요?

이 책의 작가, 조프루아 드 페나르(Geoffroy de Pennart, 1951~)는 프랑스 파리에서 태어났습니다. 대학에서 그래픽 예술을 전공하였습니다. 현재는 그래픽 디자이너로 일하면서 아이들을 위해 글을 쓰고 그림을 그리고 있습니다. 인간의 다양한 심성들을 간결한 글과 재미있는 그림으로 잘 표현하는 작가라는 평을 받고 있습니다. 작가의 다른 작품들로는 《들러리가 된 공주의 용》, 《대스타가 된 공주의 용》, 《식사 준비 다 됐어요!》 등이 있습니다. 《들러리가 된 공주의 용》으로 프랑스 어린이재단으로부터 아동문학상을 받았습니다.

이 책의 줄거리는요?

이 책의 주인공 루카스는 늑대입니다. 루카스는 할머니, 할아버지, 엄마, 아빠, 세 동생들과 행복하게 살고 있었습니다. 그림을 보면 매우 부유하고 화목한 가정에서 행복하게 살아가고 있습니다.

그러나 루카스는 성장했고, 이제 가족을 떠나 독자적으로 살아가려고 합니다. 헤어져야 할 시간, 가족들은 저마다 루카스에게 애정을 보이며 당부의 말을 건넵니다. 아빠는 루카스가 이 세상을 살아가기 위해 무엇을 잡아먹어야 할지 먹잇감 목록을 적은 종이를 줍니다.

루카스는 아빠 늑대가 적어준 목록을 보며 길을 걷습니다. 맨 먼저 엄마 염소와 아기 염소들을 만납니다. "제가 잡아먹어도 될까요?" 루카스는 늑대스럽지 않은 공손한 말을 하며 허락해주기를 기다립니다. 엄마 염소가 나서서 아기 염소들을 위해 최선을 다해 간청합니다. 루카스는 자신의 엄마 생각을 하며 엄마 염소의 간청을 들어줍니다. 곧 할머니 집에 가고 있는 빨간 모자를 쓴 여자아이를 만납니다. 여자아이는 할머니 이야기를 하며 살려달라고 간청합니다. 루카스는 또 자신의 할머니를 생각하며 놓아줍니다. 이렇듯 차례대로, 아기 돼지 세 마리도, 장난꾸러기 피터도 다 놓아줍니다. 배가 몹시 고팠습니다. 자기가 왜 이리 마음이 약한지 한탄하면서 계속 길을 걷습니다.

그런데 외진 곳에서 집을 하나 발견합니다. 문을 두드리자 무시무시하게 생긴 거인이 나타납니다. 거인이 늑대에게 소리를 지르며 꺼지라고 말하면서 문을 쾅 닫습니다. 화가 난 늑대는 우지직 문을 열어젖히고 집으로 들어가 생각할 겨를도 없이 거인을 잡아먹고 맙니다. 그 거인은 사람을 잡아먹는 거인이었네요. 이 늑대에 관한 기사가 신문에 대문짝만하게 납니다. 책의 본문 앞 페이지와 뒤 표지에 신문을 읽고 있는 아버지의 모습을 그린 그림이 있네요.

앞 페이지에는 거인을 조심하라는 신문 기사이고, 뒤표지에는 이제 안심해도 좋다는 신문 기사입니다.

이 책을 읽고 이렇게 이야기를 나누어보세요.

1. 이야기 알기

   1) 루카스는 왜 엄마 염소와 아기 염소를 잡아먹지 않고 놓아주었을까요?

   2) 루카스는 앞으로 계속 사람들을 잡아먹을까요? 왜 그렇게 생각하나요?

2. 그림 자세히 살피기

   1) 본문 29~30쪽, 지금 집 안에서 무슨 일이 일어나고 있을까요?

   2) 본문 31~32쪽, 사람 잡아먹는 거인이라는 것을 어떻게 알 수 있나요?

3. 등장인물 되어보기

   1) 루카스가 집을 떠날 때 엄마, 아빠의 마음은 어땠을까요?

   2) 빨간 모자 여자아이가 늑대를 만났을 때 마음이 어땠을까요?

이야기를 나눌 때 이런 점을 유의하세요.

우리가 책을 읽는 이유는 무엇일까요? 재미있기 때문입니다. 재미는 두 가지 차원에서 생각해보아야 합니다. 하나는 그림책 자체가 가지고 있는 재미, 다른 하나는 독자가 지닌 개인적 흥미와 발달 정도이지요. 두 번째 차원의 문제는 개개인에 따라 재미를 느끼는 것이 다르기 때문에 일반적으로 말하기 어렵습니다. 첫 번째 차원의 문제는 그림책 자체가 가지고 있는 재미 요소로 결정되기 때문에 많이 연구되어야 하고, 그런 요소들을 가진 책들을 골라 아이들에게 읽어주어야 합니다.

이 책은 재미 요소가 많은 책 중 하나입니다. 일반적으로 거론되는 책의 재미 요소는 신기하고 새로운 장면, 무서운 장면, 우스꽝스러운 등장인물의 모습, 점진적 반복을 통한 클라이맥스 장면, 궁금증의 해결 장면, 주의를 집중시키는 특징적인 그림, 기대감을 주는 플롯, 말의 독특한 표현 등입니다. 이 책은 이런 요소들을 많이 가지고 있습니다. 아이들이 앞에서 언급한 이런 재미 요소들을 즐기면서 이 책을 읽었으면 좋겠습니다. 다는 아니라 할지라도 부분적으로나마 이런 책의 재미 요소를 즐길 수 있도록 도와주면 좋겠지요? 위의 질문들은 그런 차원에서 만들어진 것들입니다. 질문에 정답을 요구할 것이 아니라 읽고 생각하고, 대화를 나누는 자연스러운 방법을 선택하시기 바랍니다.

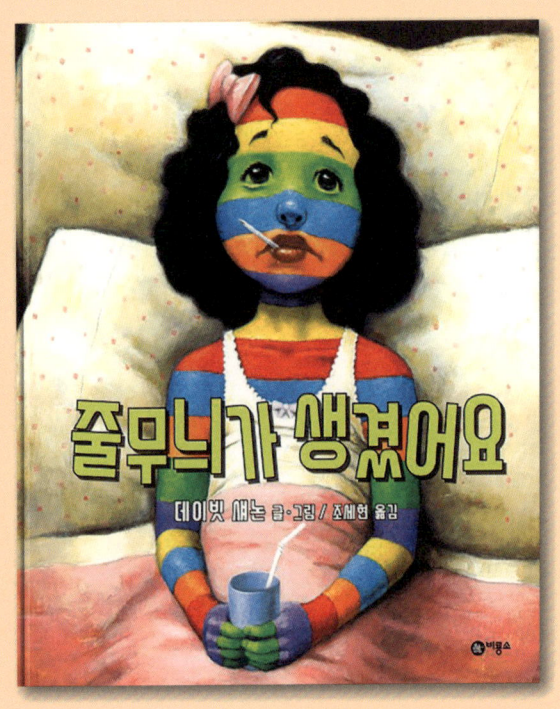

book_ 66

글·그림_ 데이비드 섀논

옮김_ 조세현

출판사_ 비룡소

추천 연령_ 만 3~5세

주제_ 자아 정체성

줄무늬가 생겼어요

이 책은 어떤 책인가요?

이 책은 친구들의 시선을 지나치게 걱정하는 카밀라라는 어린 소녀에 관한 이야기입니다. 주인공 카밀라는 친구들에게 잘 보이기 위해 옷을 마흔두 번이나 갈아입습니다. 자신은 아욱 콩을 좋아하지만, 친구들이 싫어할 거라고 생각한 카밀라는 아욱 콩을 먹지 않습니다. 카밀라는 지나치게 친구들을 의식합니다. 그러다가 온몸에 줄무늬가 생기는 병에 걸리고 맙니다. 이 병을 고치기 위해 온갖 일을 겪게 되면서 카밀라는 변하게 됩니다. 한 단계 자아 성장의 과정을 거치게 되지요.

아직 자아가 충분히 발달하지 않은 아이들은 자아와 사회적인 힘 사이에서 긴장 구도를 이루게 되지요. 그래서 자아가 많이 불안합니다. 이런 아이들은 자아가 타인을 의식하며, 타인의 인정을 받음으로 불안을 해소하고자 애쓰게 되지요. 이 시기 아이들은 자기가 좋아하는 것과 하고 싶은 것을 인식하며 '나만의 개성'을 만들어가는 것과 자신을 솔직하게 표현하는 것이 매우 중요합니다.

이 책은 특별히 발랄한 원색으로 아이들의 상상 세계를 과감하게 표현한 그림들이 매력적입니다. 카밀라를 괴롭히는 마음의 병을 유화풍의 일러스트를 통해 효과적으로 시각화하고 있지요. 처음에는 카밀라의 몸에 줄무늬만 생기지만, 그 줄무늬는 별, 사각형, 물방울 등 온갖 무늬로 변합니다. 카밀라가 아욱 콩을 먹고 싶은 마음을 계속 억누르자, 이제는 몸에 꼬리가 생기고 뿌리가 나다가 눈은 액자로, 코는 서랍장으로, 입술은 침대로 변하기까지 합니다. 작가는 이 모든 상황을 대담한 원색으로 표현함으로써 아이들의 호기심과 상상력을 자극하고 있습니다.

이 책의 작가는요?

이 책의 작가, 데이비드 섀논(David Shannon, 1959~)은 미국 초등학교 교사들과 도서관 사서들이 가장 좋아하는 미국의 대표적 그림책 작가입니다. 그는 미국 워싱턴 D.C.에서 태어나고 자랐습니다. 어려서부터 그림 그리기를 무척 좋아했다고 합니다. 캘리포니아주 패서디나에 있는 디자인 아트센터 대학에서 공부했습니다.

작가는 어른과 아이가 모두 재미있게 읽을 수 있는 책을 만들려고 노력한다고 합니다. 어른이 즐겁게 책을 읽을 수 있어야 아이들에게 즐겁게 책을 읽어줄 수 있다고 생각하기 때문입니다.

그는 지금까지 30권이 넘는 그림책을 출간했습니다. 우리에게 잘 알려진 《안 돼, 데이비드!》로 1998년에 칼데콧 명예상과 〈뉴욕타임스〉가 선정한 '올해의 최고 그림책 상'을 수상했습니다. 이후 '데이비드' 시리즈를 더 출간했고, 나오는 책마다 아이들의 사랑을 많이 받고 있습니다.

이 책의 줄거리는요?

 카밀라는 친구들이 자기를 어떻게 생각하는지 늘 신경을 씁니다. 자기는 아욱 콩을 좋아하지만 친구들이 싫어하기 때문에 먹지 않습니다. 오늘은 학교 가는 첫날입니다. 카밀라는 친구들에게 잘 보이기 위해 옷을 마흔두 번이나 입어봅니다. 그런데 이게 웬일일까요? 카밀라의 온몸에 무지개 같은 줄무늬가 생겼습니다. 엄마도 깜짝 놀랐습니다. 엄마는 의사를 불렀습니다. 나돌팔 의사가 와서 연고를 처방해주며 내일은 괜찮을 것이라 말합니다. 다음 날은 더 끔찍했습니다. 학교 친구들은 '카밀라 크레파스', '살아 있는 막대사탕'이라 불러대며 깔깔대며 웃었습니다. 다음 날은 '주저해' 선생님, '따라해' 선생님, '왕재잘' 선생님, '새파란' 선생님 등 다른 전문가 선생님들이 카밀라를 진찰했습니다. 그러나 소용없었습니다. 이번에는 과학자 선생님도 오고, 방송국 기자들도 왔습니다. 카밀라의 집 앞에는 사람들이 바글바글했습니다.

 카밀라의 몸에는 점점 희한한 무늬가 생기다가 이제는 꼬리가 나고 곰팡이까지 핍니다. 이때 한 할머니가 찾아옵니다. 할머니는 아욱 콩을 먹으라고 처방합니다. 카밀라는 먹고 싶지만 처음에는 망설이다가 아욱 콩을 먹고 맙니다. 그런데 이게 웬일일까요? 카밀라가 정상으로 돌아왔습니다.

이 책을 읽고 이렇게 이야기를 나누어보세요.

1. 이야기 알기

   1) 카밀라는 왜 아욱 콩을 먹지 않았을까요?

   2) 카밀라가 아욱 콩을 먹고 '줄무늬병'이 고쳐진 다음에도 친구들이 자기에 대해 어떻게 생각할지 고민을 많이 했을까요? 왜 그렇게 생각하나요?

2. 그림 자세히 살피기

   1) 본문 2쪽, 학교에 가기 위해 옷을 갈아입는 카밀라는 어떤 기분일까요?

   2) 본문 26쪽, 할머니가 찾아왔을 때 카밀라는 무엇을 하고 있었나요?

3. 등장인물 되어보기

   1) 카밀라가 아욱 콩을 좋아하는 것을 친구들이 알면, 친구들이 정말 카밀라를 보고 웃거나 놀렸을까요? 왜 그렇게 생각하나요?

   2) 친구들이 줄무늬가 생긴 카밀라를 보고 막 웃었을 때 카밀라는 어떤 기분이었을까요?

이야기를 나눌 때 이런 점을 유의하세요.

작가들은 이야기를 이야기답게 만들기 위해 여러 가지 서사 장치들을 사용합니다. 그 서사 장치들 중 중요한 한 가지가 수사법입니다. 아이들이 이야기에 더 몰입하고 재미있어 하도록 사용하는 수사법도 여러 가지입니다. 이 책은 그 수사법 중 특히 은유와 환유라는 수사법을 집중적으로 사용하고 있습니다.

은유는 사물의 상태나 움직임을 암시적으로 나타내는 수사법이고, 환유는 어떤 사물을 그것의 속성과 밀접한 관계가 있는 다른 낱말을 빌려서 표현하는 수사법입니다. 예를 들면, '내 마음은 호수'는 은유이고, 한민족을 '백의(白衣)'로 표현한 것은 환유입니다. 은유와 환유로 표현된 글은 직접적 설명이 아니어서 독자의 해석과 이해가 필수적입니다.

카밀라의 욕망이 무엇인지, 카밀라는 왜 자신의 욕망을 억누르고 친구들의 욕망을 따르려고 하는지, 우리는 왜, 어떻게 이 두 욕망 사이에서 조화를 이루며 살아가야 하는지 단순하게 설명하고 지시하기는 어렵습니다. 아이들이 자기만의 방식으로 해석하고 이해할 수 있기를 기대하고 지켜봐주어야 합니다. 어른의 해석을 너무 강조하지 말고 기다리시기 바랍니다. 의외로 아이들은 잘 해석하고 이해합니다.

book_ 67

글_ 고대영

그림_ 김영진

출판사_ 길벗어린이

추천 연령_ 만 3~5세

주제_ 동생 보살피기

지하철을 타고서

이 책은 어떤 책인가요?

아이들에게 꼭 읽어주어야 할 그림책, 아이들의 삶을 꿰뚫어보고 있는 그림책, 우리 모두 생활에서 체험하는 일이지만 별 의식 없이 지나쳐버릴 수 있는 일을 콕 끄집어내어 이야기로 만든 책입니다. 고대영이 글을 썼고 김영진이 그림을 그렸습니다. '지원이와 병관이' 시리즈 중 1권입니다.

그림이 매우 사실적이고 생동적인 건 말할 것도 없지만 내용이 참 좋습니다. 외롭고, 힘들고, 걱정되고, 불안하고, 그러나 잘 견뎌내고 싶고, 그러면서도 엄마의 손길이 절실히 필요한 시간을 얼마간 견디고 난 뒤 드디어 엄마를 봤을 때, '왕!' 하고 울음을 터트린 이야기입니다.

우리는 날마다 처음 해보는 일이 많습니다. 우리는 그 과정에서 수많은 생각과 감정들을 경험합니다. 이런 수많은 생각과 감정들은 부모와 가족과 관련한 것들이 많습니다. 이러한 경험들 때문에 가족은 더 가족다워지고, 각자에 대한 애정은 무한대가 되어 절대로 끊을 수 없는 관계로 변해가지요. 생활 속 생생한 에피소드를 포착해서 발랄하고 재치 있는 그림으로 그려낸 아름다운 생활 동화 그림책입니다.

이 책의 작가는요?

이 책의 글 작가, 고대영(1960~)은 서울에서 태어나 성균관대학교를 졸업했습니다. 1995년에 길벗어린이 출판사에서 그림책 편집 일을 하다가 처음으로 만든 책 《강아지똥》이 어린이들에게 좋은 반응을 얻게 되자, 그림책에 관심을 기울이기 시작했다고 합니다. 2006년에 작가의 자녀인 지원이와 병관이가 실제로 겪은 일을 바탕으로 이 책 《지하철을 타고서》를 써서 일약 스타 그림책 작가가 되었습니다. 이후 지원이와 병관이의 일상생활을 섬세하게 관찰해 모두가 즐길 수 있는 재미있는 이야기들을 계속 만들어가고 있습니다. 모두 작가의 따뜻한 시선이 돋보이는 책들입니다. 《용돈 주세요》, 《아빠와 아들》, 《손톱 깨물기》, 《두발자전거 배우기》, 《거짓말》, 《집 안 치우기》, 《칭찬 먹으러 가요》, 《싸워도 돼요?》, 《먹는 이야기》 등이 바로 그런 책들입니다.

이 책의 그림 작가, 김영진(1972~)은 충남 부여에서 태어나 서울에서 자랐습니다. 누구나 공감하는 바로 우리 가족 이야기를 생생한 그림으로 담아내어 독자들의 무한 사랑을 받아온 작가입니다. 과장된 표정과 동작을 적절하게 사용해 등장인물을 캐릭터화하는 데 탁월합니다. 일상의 생활공간들을 세밀하게 표현해내는 대한민국 대표 '생활 동화 그림책' 작가입니다. 작가 자신이 그림으로 재미있는 이야기를 들려주는 사람으로 기억되기를 바란다고 합니다. '지원이와 병관이' 시리즈 외에도 《이상한 분실물 보관소》, 《엄마를 구출하라!》, 《싸움을 멈춰라!》, 《꿈 공장을 지켜라!》, 《아빠의 이상한 퇴근길》 등을 쓰고 그렸습니다.

이 책의 줄거리는요?

지원이와 어린 동생 병관이는 할머니 집에 갑니다. 지하철을 타고 갑니다. 제삿날이고 엄마는 먼저 가서 일을 하고 있습니다. 지원이와 병관이가 엄마 없이 자기들끼리 지하철을 타고 가는 것이 처음입니다. 그것도 한 번만 타면 되는 것이 아니라 중간에 갈아타기까지 해야 하는 모양입니다. 엄마는 지원이가 이 일을 잘해내리라고 믿은 것 같습니다.

지원이가 동생 병관이를 데리고 지하철을 타는 것이 그리 쉬운 일이 아니었습니다. 병관이는 혼자 마구 뛰어다니지를 않나, 개찰구에 표를 자기가 넣겠다고 하지를 않나, 지하철 안에서 잠까지 쿨쿨 잡니다. 병관이는 강아지 꿈까지 꿉니다. 누나와 달리 병관이는 하나도 불안하지 않은 것 같습니다. 그 와중에 병관이는 자기가 내지 않아도 되는 차비를 눈먼 아저씨에게 주는 착한 짓을 하기도 합니다.

누나 지원이는 불안하고 긴장할 수밖에 없지요. 조마조마한 시간을 보내고, 할머니 집에 도착한 지원이는 엄마를 보는 순간 그만 왕! 하고 울음이 터집니다. 엄마를 만나는 순간, 왕! 하고 울음을 터트린 것은 동생 병관이가 애를 먹여서가 아니라 밀려오는 안도감과 여러 가지 감정들 때문이겠지요.

이 책을 읽고 이렇게 이야기를 나누어보세요.

1. 이야기 알기

    1) 지원이는 동생과 함께 처음으로 지하철을 타고 할머니 집에 갈 때 무슨 생각을 했을까요?

    2) 병관이는 할머니 집에 가면서 어떤 일들을 했나요?

2. 그림 자세히 살피기

    1) 그림책의 그림 중에서 예전에 실제로 보았던 것을 다 말해 봅시다.

    2) 본문 24~25쪽, 사람들은 모두 왜 지원이와 병관이를 쳐다보았을까요?

3. 등장인물 되어보기

    1) 병관이는 누나와 함께 지하철을 타고 할머니 집에 갈 때 기분이 어땠을까요?

    2) 지원이는 엄마를 보자마자 왜 '왕!' 하고 울음을 터트렸을까요?

이야기를 나눌 때 이런 점을 유의하세요.

창작 동화는 환상성과 사실성을 기준으로 환상 동화와 사실 동화로 구분합니다. 사실 동화는 실세계에서 일어날 수 있는 사건들을 다루지요. 그래서 생활 동화라고도 합니다. 아이들에게 실제로 일어날 수 있는 문제, 즉 주인공이 자기 힘으로 스스로 문제를 처리하고 해결하는 이야기들이 많지요. 특히 이런 그림책들은 글보다는 그림으로 장면을 묘사해 아이들이 사는 실제 세계를 그럴듯하게 표현해냅니다. 그래서 아이들이 등장인물을 동일시하기 쉽고, 그들의 문제에 감정이입을 하기 쉽지요. 이 책이 바로 그런 책입니다. 이런 책들을 읽을 때는 그림책에 나오는 문제, 갈등 등을 분명히 하고, 그림책의 장면과 실제 장면을 비교해보는 경험을 가지게 하면 좋습니다. 그림책을 한 번 보고 던져버릴 것이 아니라 그림책을 들고 지하철을 타면서 보이는 것들을 하나하나 비교해보는 것도, 아이들이 이야기를 잘 이해하고 감정이입할 수 있는 좋은 방법이 됩니다.

book_ 68

글·그림_ 레오 리오니

옮김_ 최순희

출판사_ 시공주니어

추천 연령_ 만 3~5세

주제_ 자아 정체성, 직업

프레드릭

이 책은 어떤 책인가요?

《베짱이와 개미》의 서양판 패러디입니다. 패러디는 원작을 모방하거나 변형시켜서 풍자나 해학의 효과를 얻어내는 문학의 한 형식을 말하지요. 이런 책들은 원작의 내용이나 이야기의 전반적 흐름, 인물들의 성격을 변형시킵니다. 오랫동안 고착되어 내려오던 허위적 권위 의식이나 억압적 요소들을 비판하고 조롱하는 경우가 많습니다. 그래서 패러디를 읽는 독자는 새로운 생각을 하게 됩니다. 이 책도 그런 류의 책입니다. 이 책을 읽는 아이들이 나이가 아직 어려 《베짱이와 개미》를 읽지 못했을 수도 있지요. 이 책을 찾아 함께 읽으면 아이들은 두 책을 비교하면서 읽고, 또 두 책의 의미를 능동적으로 해석하며 읽게 될 것입니다.

이 책은 예술가의 활동과 역할에 대해 한 번쯤 생각해보게 하는 책입니다. 육체적 노동도 중요하지만 정신적 노동도 중요하다는 사실에 대해 생각해볼 수 있습니다. 이 세상을 살아가는 동안 우리가 할 수 있는 일은 너무나 다양하고, 직업은 수백 수천 가지가 될 수 있다는 것까지 생각할 수 있다면 어떨까요? 과연 어린아이들이 우리가 직업을 가지되 다른 사람들을 이롭게 할 수 있는 직업을 가져야겠다는 생각까지 할 수 있을까요? 자라면서 언젠가는 이 책의 이야기가 생각날 수 있겠지요. 책 읽기는 결코 일회적 사건이 아닙니다.

이 책의 주인공 프레드릭은 꿈꾸는 자이고 시인입니다. 춥고 으스스한 겨울, 다른 친구들의 마음을 따뜻하게 해주기 위해 햇살과 색깔을 모아 이야기를 만드는 중입니다. 그런데 다른 친구들은 왜 프레드릭이 일하지 않고 놀고 있냐고 묻습니다. 그러나 프레드릭이 만든 이야기와 시들은 나중에 배고프고 쓸쓸해하는 다른 들쥐들에게 희망과 따뜻함을 전해줍니다. 이 책을 읽는 독자 역시 마음이 따뜻해집니다.

이 책의 작가는요?

이 책의 작가, 레오 리오니(Leo Lionni, 1910~1999)는 네덜란드 암스테르담에서 태어나 가정적으로나 사회적으로 비교적 좋은 환경에서 여유롭게 살았습니다. 작가의 집 근처에는 릭스 미술관, 스테델릭 미술관 등이 있었고, 특히 집안에는 미술 애호가와 미술품을 수집하는 사람들이 많아 그는 어려서부터 현대 미술품들을 쉽게 접할 수 있었습니다. 이것이 나중에 그림책을 만드는 데 훌륭한 자산이 되었다고 합니다.

작가는 이탈리아의 제노바대학에서 경제학 박사 학위를 받았지만, 미국으로 이민을 가 광고 회사에서 일을 했지요. 화가, 조각가,

사진작가, 그래픽 디자이너, 아트 디렉트 등 그림과 관계있는 일을 하면서 꽤 성공했다고 합니다. 거의 오십이 다 되어 손자와 함께 기차 여행을 하다가 지루해하는 아이를 위해 즉흥적으로 잡지를 찢어 이야기를 만들어 들려준 것이 《파랑이와 노랑이》였습니다. 그것이 작가의 첫 번째 그림책으로 탄생했고, 그해 〈뉴욕타임스〉의 최고 그림책 상을 받게 되었습니다.

이후 그는 신선하고 독창적인 그림들과 자기 정체성을 찾아가는 가슴 따뜻한 이야기들이 담긴 그림책들을 계속 펴내면서 전 세계 어린이들로부터 사랑을 받는 그림책 작가가 되었습니다. 그림책 작가가 된 것을 매우 만족해했다고 합니다. 다른 책들로는 《꿈틀꿈틀 자벌레》, 《헤엄이》, 《새앙쥐와 태엽쥐》 등이 있습니다. 이 책들은 《프레드릭》과 함께 모두 칼데콧 상을 받았습니다.

이 책의 줄거리는요?

소들이 풀을 뜯고 말들이 뛰노는 들판, 그 들판 따라 둘러져 있는 오랜 돌담이 들쥐 가족의 보금자리입니다. 겨울이 다가오기 전 모든 들쥐들이 밤낮으로 열심히 일을 합니다. 따뜻한 햇살이 비춰고, 그 햇살 아래 들쥐들이 옥수수를 나르며 열심히 일합니다. 그런데 프레드릭 혼자만 돌아앉아 눈을 감고, 곰곰이 생각에 잠겨 있습니다. 다른 들쥐들이 프레드릭에게 묻습니다. "넌 왜 일을 안하니?" 그러자 프레드릭은 자기도 일을 하고 있다고 말합니다. 춥고 어두운 겨울날을 위해 햇살을 모으고 있고, 색깔을 모으고 있고, 이야기를 모으고 있다고 말합니다. 겨울이 되었습니다. 처음에는 먹이가 아주 넉넉했습니다. 모두 둘러앉아 재잘재잘 이야기를 하며 행복했습니다. 점차 먹이가 떨어지고, 찬바람이 스며들었습니다. 그 누구도 더 이상 말하고 싶지 않습니다. 프레드릭이 커다란 돌 위로 올라가 말합니다. 프레드릭이 햇살 이야기를 들려줍니다. 모두가 따뜻해지는 것을 느낍니다. 프레드릭은 계속해서 파란 덩굴꽃과 노란 밀짚 속의 붉은 양귀비꽃, 초록빛 덤불 딸기 이야기를 들려주었습니다. 들쥐들은 모두 색깔을 또렷이 볼 수 있었습니다.

이 책을 읽고 이렇게 이야기를 나누어보세요.

1. 이야기 알기
    1) 들쥐 가족들이 모두 열심히 일을 하는데 왜 프레드릭만 일하지 않았을까요?
    2) 들쥐 가족들이 어둡고 추운 겨울날, 프레드릭 이야기를 듣고 일하지 않은 프레드릭에 대해 어떻게 생각했을까요?

2. 그림 자세히 살피기
    1) 본문 21~22쪽, 바위가 왜 노란색일까요?
    2) 본문 21~22쪽, 들쥐 가족들이 프레드릭의 이야기를 들으면서 왜 모두 눈을 감고 있을까요?

3. 등장인물 되어보기
    1) 프레드릭이 햇살과 색깔과 이야기를 모은다고 말하면서 일을 하지 않았을 때 다른 가족들은 어떤 생각이 들었을까요?
    2) 프레드릭이 가족들에게 어떤 이야기를 들려주고 있는지 흉내내봅시다.

이야기를 나눌 때 이런 점을 유의하세요.

이 책은 편안하고 쉬운 책이지만 깊은 울림이 있는 책입니다. 예술가의 역할을 한 번쯤 생각해보게 하는 책이지요. 내가 가진 장점이 무엇인지 생각해보고, 다른 사람들을 위해 그것을 어떻게 사용할 것인지 이야기 나누어보는 것도 좋을 것입니다. 그림책은 다른 사람의 이야기를 듣고 자신의 삶을 성찰하는 기능을 합니다. 이 책은 이야기 자체가 쉽기 때문에 이야기가 지닌 메시지를 중심으로 편안하게 이야기를 나누는 것이 가능합니다.

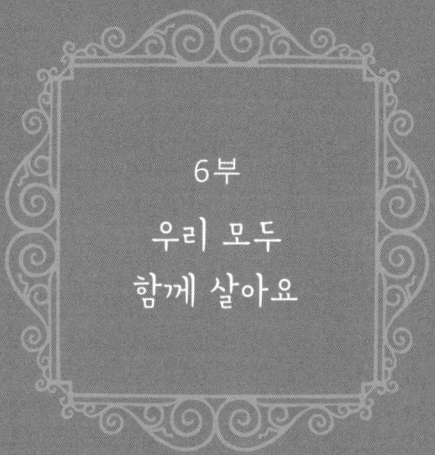

6부

우리 모두
함께 살아요

book_ 69

글_ 엘레 판 리스하우트, 에리크 판 오스

그림_ 미스 판 하우트

옮김_ 박선주

출판사_ 아라미

추천 연령_ 만 3~5세

주제_ 문제 해결, 친구의 도움

네 생각은 어때?

이 책은 어떤 책인가요?

이 책의 원제는 'O, o, Octopus!'입니다. 아름다운 바닷속 이야기입니다. 문어는 바닷속에 아주 아늑하고 포근한 집을 가지고 있습니다. 사는 데 불편함이 없는 것 같고, 안에서 밖을 보면 풍경도 매우 아름다운 것 같습니다. 외출을 하고 집에 와보니 이 집에 누군가가 쳐들어와 차지하고 있습니다. 문어는 집을 되찾기 위해 고심하면서 친구들에게 자문을 구하고 결국에는 도움을 받는다는 이야기입니다.

사람이 세상을 살아가는 데 아무런 문제나 어려움이 없을 수 없습니다. 혼자서 모든 문제를 다 해결하고 살 수만 있다면 얼마나 좋을까요? 그런데 우리네 삶은 그렇지 않은 것 같습니다. 살면서 여러 가지 문제들이나 어려움에 직면하고, 그것을 쉽게 해결하지 못해 끙끙거릴 때가 많습니다. 이때 우리는 이웃들의 의견에 귀를 기울여야 할 필요가 있습니다. 필요하다면 기꺼이 그들의 응원을 받아야겠지요. 최종적인 판단은 문제 당사자가 내려야 하겠지만 이웃들의 도움을 무시한다면 우리는 결코 현명한 판단을 내리기도 어렵고, 자신감도 가지기 어려울 것입니다.

이 책은 그림이 매우 아름답습니다. 아직 바닷속을 보지 못한 어린 꼬마들이 바닷속 풍경을 상상하며 호기심을 가지기에 충분합니다.

이 책의 작가는요?

이 책의 글 작가와 그림 작가 모두 네델란드 사람들입니다. 이 책의 글 작가인 엘레 판 리스하우트(Elle Van Lieshout, 1963~)는 동요와 동시를 쓰는 작가입니다. 그녀의 작품은 글이 짧고, 간결하며, 리듬감이 있어 아이들이 소리 내어 읽기 좋습니다. 《네 생각은 어때?》 역시 짧고 간결한 문장이 반복적으로 나와 마치 바닷속을 헤엄쳐 다니면서 아름다운 소리를 즐기는 것 같습니다.

공동 글 작가인 에리크 판 오스(Erik Van Os, 1963~)는 글 작가인 엘레와 부부입니다. 이분 역시 아름다운 노랫말과 시를 쓰는 작가입니다. 그의 글은 특히 리듬감이 뛰어나다고 합니다.

그림 작가 미스 판 하우트(Mies Van Hout, 1962~)는 일러스트와 그래픽 디자이너로 활동하고 있습니다. 작가는 어렸을 적 아버지가 이야기를 짓기도 하고, 아이들을 불러모아 이야기를 들려주기도 했다고 합니다. 아버지가 들려주는 이야기를 매우 좋아했고, 또 그 이야기를 들으면서 조용히 그림을 그렸다고 합니다. 그녀는 어떻게 하면 아버지가 들려주는 그 이야기를 오롯이 그림으로 담아낼 수 있을지 고심했다고 합니다. 이때부터 나중에 어른이 되면 그림책 작가가 되기로 결심했다고 합니다.

이 책의 줄거리는요?

문어는 바닷속에 아주 아늑하고 포근한 집을 가지고 있습니다. 그 집에서 맛있는 음식도 해 먹고, 안에서 밖을 보면 풍경도 매우 아름다운 것 같습니다. 문어는 이 집을 아주 좋아한 것 같습니다. 문어가 어느 날 외출을 하고 집에 돌아와보니 문어 집의 문을 큰 물고기의 꼬리가 꽉 막고 있었습니다. 덩치가 무지 크고, 어떻게 해 볼 방법이 없었습니다. 큰 물고기를 상대로 싸울 힘도 없는 것 같아 바닷속 다른 친구들에게 자문을 구합니다. 소라게, 해파리, 고래, 곰치, 가시장군, 알고 지내는 물고기들을 차례로 다 찾아가 물어봅니다. 어떻게 하면 이 큰 물고기가 나가고, 자기가 다시 그 집에 들어가 살 수 있을지 물어봅니다. 바닷속 물고기들은 각자 자기 입장에서 문어에게 적절한 충고를 합니다. 그러나 문어로서는 그 충고들이 적절하다고 생각되지 않습니다. 바다가 은밀하게 문어에게 말을 걸어옵니다. 다른 물고기들은 이러쿵저러쿵 해결책들을 말하고 있는데, '그렇다면 네 생각은 어때?' 그 말을 들은 문어는 다시 생각에 잠깁니다. 큰 물고기에게 가서 상냥하게 부탁을 해봐야겠다고 생각합니다. 집으로 돌아온 문어는 큰 물고기의 꼬리를 살살 만지면서 말을 겁니다.

그때 큰 물고기가 말합니다. "도와줘요! 누구든 날 좀 잡아당겨 줘요. 머리가 박혀서 꼼짝을 못하겠어요." 문어는 큰 물고기의 꼬리를 붙잡고 당깁니다. 다른 물고기들도 모두 모여와 함께 힘을 모웁니다. 드디어 머리가 빠져나왔습니다. 예쁜 인어 아가씨였습니다. 해피 엔딩입니다.

이 책을 읽고 이렇게 이야기를 나누어보세요.

1. 이야기 알기

   1) 문어는 자기 집을 빼앗기지 않으려고 어떤 노력을 했나요?
   2) 문어는 여러 친구들에게 도움을 청했는데 나중에 그것이 도움이 되었나요?

2. 그림 자세히 살피기

   1) 바닷속은 정말 아름다운가요? 얼마나 아름다운가요? 말로 표현해봅시다.
   2) 본문 21~22쪽, 문어가 큰 물고기를 자기 집에서 빼내기 위해 도움을 요청했을 때 어떤 물고기들이 달려와 도와주었나요?

3. 등장인물 되어보기

   1) 문어가 자기 집에 큰 물고기가 들어가 있는 것을 보고 마음이 어땠나요?
   2) 바다가 '네 생각은 어때?' 하고 물었을 때 문어는 어떤 생각이 들었을까요?

이야기를 나눌 때 이런 점을 유의하세요.

문어가 자기 집 문에 아주 크고 커다란 꼬리가 박혀 있는 것을 보고, 바닷속에 살고 있는 다른 물고기 친구들에게 자문을 구하러 돌아다닙니다. 친구들은 여러 가지 책략들을 알려주지만 그것들은 모두 문어의 마음에는 들지 않습니다. 그러다가 바다가 '네 생각은 어때?'라고 묻는 말을 듣고, 자신은 이 문제에 관해 전혀 생각해보지 않았다는 것을 인식합니다. 그는 자신이 가장 옳다고 생각하는 방법으로 문제를 해결하려고 집으로 돌아갑니다. 큰 물고기의 꼬리를 만지며 조심스럽게 예의 바르게 말을 걸기 시작합니다. 문제가 해결되었습니다. 이 이야기는 두려움이 변하여 고난에 처한 큰 물고기를 구해주게 되는 아름다운 이야기지요?

문어가 소리를 지르며 도움을 요청했을 때 이전에 자문을 구했던 친구들이 모두 나와 힘을 다해 물고기를 빼내줍니다. 어려울 때 친구들에게 자문을 구하고 도움을 요청하는 것을 너무 겁내지 않아야 합니다. 어린 꼬마들이 이런 속뜻을 금방 알아채기는 어렵겠지만 자연스럽게 이런 이야기들을 나눌 필요가 있겠지요? 언젠가 문제에 봉착했을 때 이 이야기가 생각날지도 모르니까요. 이 책은 특별히 그림이 아름답습니다. 아름다운 그림을 즐기는 것도 중요하지만 이런 속뜻을 눈치챌 수 있도록 대화를 나누는 것도 중요합니다.

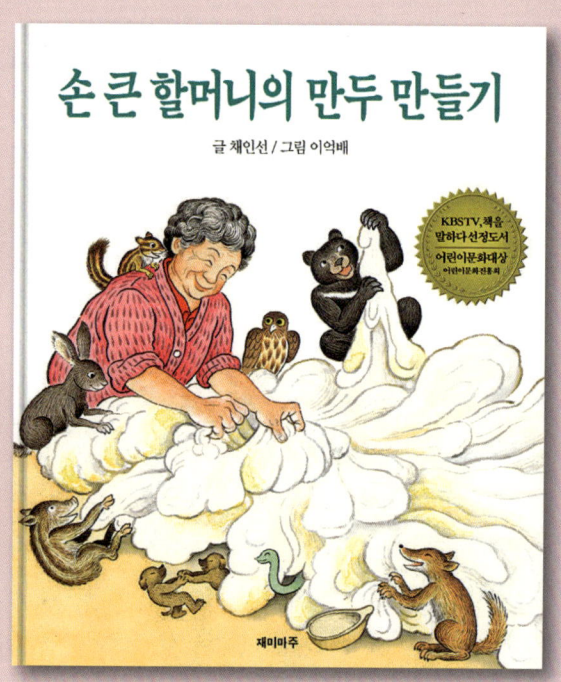

book_ 70

글_ 채인선

그림_ 이억배

출판사_ 재미마주

추천 연령_ 만 3~5세

주제_ 나눔과 베풂

손 큰 할머니의 만두 만들기

이 책은 어떤 책인가요?

좋은 그림책은 분명 좋은 책의 조건을 갖추고 있는 것 같습니다. 좋은 책의 조건은 여러 가지입니다. 여러 가지 중 가장 중요한 것은 아마도 '독자가 공감할 수 있는 등장인물' 아닐까요? 등장인물이 어떤 캐릭터를 가졌느냐에 따라 독자가 책에 몰입하는 정도가 달라지지요. 그림책에 나오는 등장인물들은 매우 다양한 캐릭터들을 가지고 있습니다. 친근하고, 개성이 있고, 매혹적이고, 유능하고, 까칠하고, 넉넉하고, 재미있고, 정의롭고, 사랑스러운 캐릭터들이지요. 독자가 이런 캐릭터들에 공감하지 못한다면 책에 빠져들기는 매우 어려울 것 같습니다.

이 책은 외국 그림책에서는 절대로 볼 수 없는 아주 친근한 캐릭터인 우리네 할머니 이야기입니다. '손 큰 할머니'는 말 그대로 약간은 촌스러우면서, 넉넉한, 푸짐한 우리네 할머니입니다. 사람을 가리지 않고 누구에게나 베풀기를 좋아하는 친근한 할머니이지요. 손으로 짠 듯한 스웨터를 입고, 고무 털신을 신고, 머리에 함지박을 이고 걷는 할머니, 힘은 억척스러워 함지박에 올라가 삽을 들고 만두소를 버무리는 웃기는 우리 할머니 이야기입니다. 아이들이 이런 할머니를 좋아하지 않을 수 있을까요?

짧은 글이 반복적으로 나와 운율이 느껴집니다. 독자가 책을 읽으면서 쿵작쿵작 자신이 직접 만두를 만드는 듯한 운율을 느끼게 됩니다. 읽고 또 읽어도 마치 놀이하는 것 같은 느낌이 들어 계속 읽고 싶어지는 책입니다. 아무것도 따지지 않고, 서로 나누며 행복해하는 기분을 만끽할 수 있습니다. 명절에 읽으면 더 실감이 나겠지요.

이 책의 작가는요?

이 책의 글 작가, 채인선(1962~)은 강원도 함백에서 태어나 초등학교 시절부터 서울에서 자랐습니다. 성균관대학교 불어불문학과를 졸업하고, 출판사에서 10여 년간 편집자로 일했습니다. 작가의 책은 상상력을 자유자재로 구사한 환상적인 기법을 주로 많이 사용합니다. 그 상상력은 현실과 조화를 이루고 있어서 이야기가 매우 설득력이 있습니다. 작가는 책의 주인공들을 통하여 사람이 살아가는 데 필요한 보편적 방향을 제시합니다. 다른 작품들로는 《산골 집에 도깨비가 와글와글》, 《내 짝꿍 최영대》, 《원숭이 오누이》, 《딸은 좋다》, 《빨간 줄무늬 바지》, 《전봇대 아저씨》 등이 있습니다.

이 책의 그림 작가, 이억배(1960~)는 경기도 용인에서 태어나고, 홍익대학교 조소과에서 공부했습니다. 작가는 아이들이 그림책에 놀라운 세계가 숨어 있다는 것을 발견하곤 그 감동을 주체하지 못해 눈물 흘리는 정도는 아니더라도 그림책 속 인물들을 좋아해주고, 자신의 책을 선택해주기를 바라는 마음으로 그림을 그린다고 합니다. 작가는 작품을 통해 진정한 우리의 미적 전통을 살리려 애쓰고 있습니다. 유서 깊은 서양 그림책을 뛰어넘는 우리의 그림책을 아이들에게 보여주기 위해 끊임없이 노력하고 있습니다. 작가가 쓰고 그린 작품으로는 《솔이의 추석 이야기》, 《개구쟁이 ㄱㄴㄷ》, 《잘잘잘 1 2 3》, 《이야기 주머니 이야기》, 《오누이 이야기》 등이 있고, 그린 작품으로는 《세상에서 제일 힘센 수탉》, 《반쪽이》, 《모기와 황소》 등이 있습니다.

이 책의 줄거리는요?

눈밭 숲속에 사는 동물들이 설을 맞이했습니다. 예년과 마찬가지로 할머니는 만두를 빚습니다. 모두 함께 먹기 위해서이지요. 각양 동물들이 이미 할머니의 집으로 향하고 있습니다. 할머니는 벌써 만두 만들 준비를 하고 있습니다. 만두소를 만들 숙주나물, 김치, 두부, 고기의 양을 좀 보십시오. 넉넉하게 만들어야 숲속 동물들을 모두 먹이지요. 할머니는 싱글벙글합니다. 그 많은 만두소를 다 담을 그릇이 없어 헛간 지붕으로 쓰는 함지박을 가져왔습니다. 동물들은 기대에 찬 표정으로 할머니를 바라보고 있습니다. 할머니는 삽을 들고 함지박에 들어갑니다. 동물들도 사다리를 타고 함지박으로 들어갑니다. 모두 신나게 만두소를 버무리고 만두를 빚기 시작합니다. 아무리 만들어도 만두소는 줄어들지 않습니다. 할머니는 아이디어를 냅니다. 남은 반죽으로 만두피를 크게 한 장 만들고, 남은 만두소를 다 부어 세상에서 가장 큰 만두를 만들자고 합니다. 와! 얼마나 큰 만두일까요? 그것을 어떻게 끓여 이 작은 동물들을 다 먹일 수 있을까요? 그림으로 상상해보세요.

이 책을 읽고 이렇게 이야기를 나누어보세요.

1. 이야기 알기

   1) 할머니는 왜 이렇게 만두를 많이 만들려고 하나요?

   2) 동물들은 만두를 만들면서 어떤 이야기들을 주고받았을까요?

2. 그림 자세히 살피기

   1) 본문 19쪽, 동물들이 모두 모여 앉아 만두를 만들 때 어떤 표정을 하고 있는지 말해보세요.

   2) 본문 17~18쪽, 왼쪽과 오른쪽, 동물들의 모습이 어떻게 다른가요?

3. 등장인물 되어보기

   1) 만두를 많이 만들고 있는 할머니의 마음은 어땠을까요?

   2) 만두를 먹고 난 다음 동물들은 어떻게 놀고 있나요?

이야기를 나눌 때 이런 점을 유의하세요.

인간은 누구나 행복해지기를 원합니다. 최근에는 인간이 행복해질 수 있는 능력을 교육을 통해 길러줄 수 있다고 합니다. 행복 교육은 학습자가 행복에 대한 지식, 태도, 행동 기술을 익혀, 적극적으로 활용하고 계발하게 하는 것입니다. 유아들의 경우, 행복 교육은 그림책을 활용하면 효과적이라고 합니다. 그림책에 나타난 행복에 관한 내용을 경험하게 하고 자신도 실천할 수 있도록 도와주는 것이지요. 행복의 요소는 여러 가지인데 그중 하나가 '나누고 베풀기'입니다.

  이 책은 '나누고 베풀기'를 배우기에 참 좋은 그림책입니다. 이 책은 의인화된 동물들이 설날을 맞이해 만두를 함께 빚고 나누어 먹는 이야기입니다. 이 책을 읽으면 나누고 베푸는 것이 가장 행복한 일이라는 의식을 가지게 되겠지요. '나눔과 베풂'에 관한 주제에 초점을 맞추어 이야기를 나누면 좋겠습니다. 이 책이 지닌 여러 가지 그림책 유머를 즐겼으면 좋겠습니다.

book_ 71

글_ 마틴 워델

그림_ 헬렌 옥슨버리

옮김_ 임봉경

출판사_ 시공주니어

추천 연령_ 만 3~5세

주제_ 정의, 의리, 권선징악

옛날에 오리 한 마리가 살았는데

이 책은 어떤 책인가요?

내 집에 하인을 부려도 적절한 먹을거리와 쉼을 주면서 일을 시켜야 하지 않을까요? 그것이 인간이 지켜야 할 최소한의 도리 아닐까요? 《옛날에 오리 한 마리가 살았는데》는 바로 하인들의 이런 목소리를 대변하는 재미있는 그림책입니다

책 속 주인공 오리는 일반 오리들과는 좀 다릅니다. 음식도 만들고, 청소도 하고, 다른 동물들도 보살피고, 온갖 일을 묵묵히 다하는, 아니 '꽥' 소리를 내면서 온갖 일을 다하는 오리입니다. 그러나 농장 주인은 하루 종일 등을 깔고 드러누워 이것저것 음식만 주워 먹는 게으름뱅이입니다. 보다 못한 농장의 다른 동물들이 모두 모여 쿠데타를 일으킨다는 이야기이지요.

아이들이 쉽게 이해할 수 있는 이야기입니다. 구성이 탄탄한 이야기이지요. 의성어가 반복적으로 나타나 글에 리듬감이 있습니다. 부모가 한 줄 읽고, 반복적으로 나오는 동물 소리들은 아이들이 읽게 하면 아주 흥겨운 읽기가 될 수 있지요. 그림은 인물의 특

징을 아주 실감 나게 보여줍니다. 오리의 얼굴을 통해서도 슬픔과 기쁨이 나타납니다. 동물들의 얼굴에 생명력을 불어넣는 것은 헬렌 옥슨버리가 지닌 특별한 능력 아닐까요?

대부분의 아이들이 책을 좋아한다고 하는데 그렇지 않습니다. 아이들은 책 읽기보다 그냥 노는 것을 더 좋아합니다. 아이들이 책을 좋아하도록 부모들이 도와야 합니다. 책 읽기에서 즐거움을 찾을 수 있도록 도와줘야 합니다. 재미있는 책을 고르고, 또 재미있게 책을 읽어주는 것은 부모의 몫입니다. 이 책은 바로 책 읽기를 싫어하는 아이들에게 읽어주기 좋은 책입니다.

이 책의 작가는요?

이 책의 글 작가, 마틴 워델(Martin Waddell, 1941~)은 영국이 사랑하는 어린이 문학의 거장입니다. 처음에는 주로 청소년이나 어른들을 위한 글을 썼는데 나중에 어린이 책 작가로 변신했습니다. 1969년 벨파스트 교회에서 일어난 폭발 사고로 심한 상처를 입고, 집에서 육아를 담당하게 된 것이 그 계기가 되었지요. 작가는 비록 어린아이일지라도 어른이 느낄 수 있는 감정들을 다 느낀다고 믿었기 때문에 그의 책에서 이런 감정들을 많이 다룬다고 합니다. 그의 다른 작품들로는 《잠이 안 오니, 작은 곰아?》, 《숨어 있는 집》 등 90권이 넘는 책이 있습니다. 작가는 스마티즈 북 상, 케이트 그린어웨이 상, 어린이 도서 비평가상, 쿠르트 마슐러 상, 스미스 일러스트레이션 상, 한스 크리스티안 안데르센 상 등 어린이 문학과 관련한 주요 상들을 많이 받았습니다.

이 책의 그림 작가, 헬렌 옥슨버리는 영국 이프스위치에서 태어났습니다. 어려서부터 그림 그리는 것을 좋아해서 하루 종일 그림을 그렸다고 합니다. 방학 때는 극장의 무대 디자인을 돕기도 했다고 합니다. 런던 센트럴 아트스쿨에서 그림 공부를 하다가 영국 3대 그림책 작가 중 한 사람인 존 버닝햄을 만나 결혼을 하게 되었고, 남편의 영향으로 그림책 일을 시작하게 되었다고 합니다. 작가의 그림은 부드러운 선, 따뜻한 색감, 아이들에 대한 탁월한 관찰력과 섬세한 표현이 돋보인다는 평을 받고 있습니다.

다른 작품들로는 《쾅글왕글의 모자》, 《이상한 나라의 앨리스》, 《빅 마마, 세상을 만들다》, 《곰 사냥을 떠나자》, 《아기 늑대 세 마리와 못된 돼지》, 《찰리가 온 첫날 밤》, 《용감한 잭 선장과 해적들》 등이 있습니다.

이 책의 줄거리는요?

주인공 오리는 일반 오리들과는 좀 다릅니다. 음식도 할 줄 알고, 청소도 해야 하고, 다른 동물들도 일일이 보살피고, 온갖 일을 묵묵히 다합니다. 농장 주인이 "일은 잘 돼가나?"라고 물을 때마다 '꽥' 소리를 내면서 온갖 일을 다하는 오리입니다. 그러나 농장의 주인은 하루 종일 드러누워 음식만 주워 먹는 게으름뱅이입니다. 그러면서 오리에게 온갖 일을 다 시키면서 체크하는 아주 재수 없는 주인입니다. 배가 불룩하고, 살이 뒤룩뒤룩 쪘습니다. 드러누워 있는 침대 주변에는 쓰레기들로 가득합니다.

보다 못한 농장의 다른 동물들이 모두 모여 의논을 합니다. 그야

말로 쿠데타를 일으키는 것이지요. 주인이 드러누워 있는 침대를 모두 힘을 합쳐 뒤집어버렸습니다. 놀란 주인이 땅이 갈라진 줄 알고 도망을 갑니다. 다시 돌아오지 않습니다. 이제 농장의 모든 일들은 동물들이 모여 의논하여 결정하고 운영합니다. 모두가 행복하게 되었습니다.

이 책을 읽고 이렇게 이야기를 나누어보세요.

1. 이야기 알기
   1) 동물들이 모여서 회의를 하게 된 이유는 무엇일까요?
   2) 게으름뱅이 농부가 왜 집으로 다시 돌아오지 않았을까요?
2. 그림 자세히 살피기
   1) 앞 면지와 뒤 면지가 어떻게 다른가요? 작가는 왜 이렇게 앞 면지와 뒤 면지를 다르게 그렸을까요?
   2) 본문 7~8쪽, 게으름뱅이 농부는 하루 종일 무엇을 했을까요? 전부 말해보세요.
3. 등장인물 되어보기
   1) 오리가 들판에 나가 젖소를 끌고 올 때 마음이 어땠을까요?
   2) 게으름뱅이 농부가 "일은 잘 돼가나?" 하고 물을 때마다 오리는 매번 "꽥" 하고 대답합니다. 오리가 사람이라면 이 "꽥" 소리 대신 뭐라고 말할까요?

이야기를 나눌 때 이런 점을 유의하세요.

그림책을 읽을 때 독자는 크게 두 가지 역할을 합니다. 하나는 관찰자의 입장이 되어 그림을 보면서 서술자의 이야기를 듣는 역할과 다른 하나는 참여자의 입장이 되어 그림 속으로 들어가 글에 참여하는 역할입니다. 이 책은 독자에게 이 두 가지 역할을 다하도록 만든 책입니다. 농부가 침대에 드러누워 초콜릿을 먹는 장면이나 오리가 여러 가지 어려운 일들을 하는 장면은 관찰자의 입장입니다. 그러나 동물들이 모여 회의를 하거나 농부의 침대를 들어 올리는 장면은 참여자의 입장입니다.

동물들이 "꽥", "음매", "매애애", "꼬꼬댁 꼬꼬" 소리를 내는 장면은 아이들이 자연스럽게 동물들의 소리를 내며 이야기 서술에 참여하게 만듭니다. 이처럼 참여적 읽기는 아이들의 읽기 몰입에 좋습니다. 이런 현상은 책 읽기를 싫어하는 아이들의 경우도 마찬가지입니다. 이 책을 읽을 때는 참여적 읽기가 가능한 부분에서는 가능한 한 아이들이 적극적으로 소리 내어 말할 수 있도록 유도하는 것이 좋습니다.

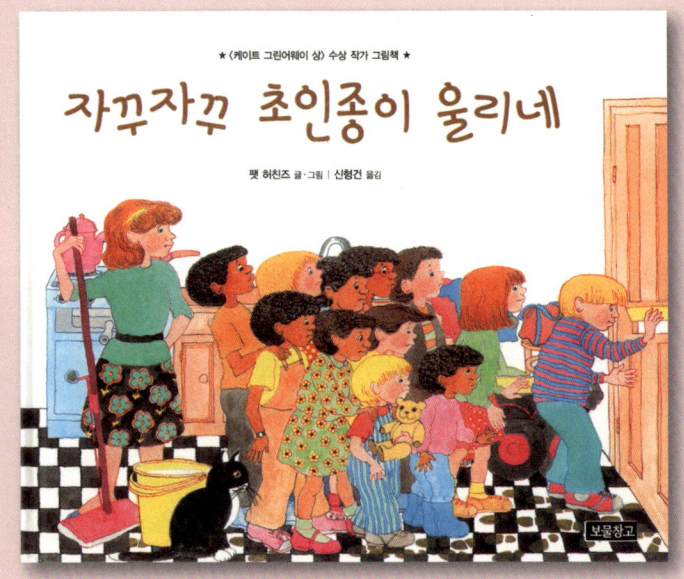

book_ 72
글·그림_ 팻 허친스
옮김_ 신형건
출판사_ 보물창고
추천 연령_ 만 3~5세
주제_ 나눔

자꾸자꾸 초인종이 울리네

이 책은 어떤 책인가요?

나눔에 대한 이야기입니다. 맛있는 과자는 당연히 친구와 나누어 먹어야 하겠지요. 그런데 과자는 조금 밖에 없는데 나누어 먹어야 할 친구가 자꾸 늘어납니다. 주인공은 마음이 조마조마해집니다. 이 책은 이런 조마조마한 마음을 반복과 점층법을 사용하여 긴장감 있게 잘 표현하고 있습니다. 글은 반복적으로 같은 문장을 사용해서 이야기를 리듬감 있게 만들고, 그림은 오른쪽에 많아진 아이와 적어지는 과자, 왼쪽에는 아이들이 들고 들어온 물건들이 쌓이는 그림을 그려놓고 있습니다. 책장을 넘기면서 이야기는 사실성과 긴장감을 더해가지요. 책의 말미에 반전이 일어납니다.

이 책의 작가는요?

이 책의 작가, 팻 허친스는 영국 요크셔 지방의 노스 라이딩에서 일곱 아이 중 여섯 번째로 태어났습니다. 작가가 태어난 곳은 영국의 군사훈련 캠프가 있던 곳이었습니다. 어느 날 그곳에서 그녀의 어머니가 사격 훈련하는 모습을 목격하고, 기겁하여 이사를 가게 되었다고 합니다. 이사한 곳은 노스 라이딩에서 8킬로미터 정도 떨어진 숲속이었지요. 작가는 그곳에서 각종 동물과 새, 그리고 식물들과 더불어 자연 친화적 삶을 살았다고 합니다.

작가는 대학에서 일러스트레이션을 공부했으며, 졸업하고 광고 회사에서 잠깐 일을 하게 됩니다. 1966년에는 로렌스 허친스를 만나 결혼을 하고 뉴욕으로 이사를 갑니다. 그곳에서 처음으로 그림책을 쓰게 되었고, 그것이 바로 그 유명한 《로지의 산책》입니다. 이후 《바람이 불었어》, 《티치》, 《생일 축하해, 샘!》 등의 작품을 만들어내면서 세계적인 작가가 됩니다. 1974년 《바람이 불었어》로 케이트 그린어웨이 상을 받았습니다.

그녀의 대부분 작품들은 넓은 여백과 깔끔한 선을 이용해 선명하고 생동감 있는 그림, 극적 반전이 돋보이는 짧은 이야기들입니다. 이 이야기들 속에는 단순하지만 우리들이 살아가는 데 꼭 필요한 삶의 지혜들이 숨어 있지요.

이 책의 줄거리는요?

이야기는 엄마가 열두 개의 과자를 구워 샘과 빅토리아에게 건네는 장면에서부터 시작됩니다. 두 아이는 엄마가 구워주는 과자의 냄새를 맡으며 맛있게 과자를 구워주시던 할머니를 생각해냅니다. 막 과자를 먹으려고 하는데 초인종이 울립니다. 톰과 한나가 찾아온 것입니다. 둘이서 먹으려던 과자를 넷이서 갈라 먹어야겠다고 생각하며 샘이 접시를 꺼내 식탁 위에 놓습니다. 톰과 한나도 좋아하면서 식탁 앞에 앉습니다. 톰과 한나도 여전히 할머니를 생각해냅니다. 또 초인종이 울립니다. 이번에는 피터와 피터 동생이 찾아왔습니다. 이제 식탁은 6명이나 둘러앉아 꽉 차게 되었습니다. 샘과 빅토리아의 표정이 좀 어두워졌습니다. 과자는 각자 2개씩 밖에 돌아가지 않습니다. 웬걸 또 초인종이 울립니다. 이번에는 조이와 사이먼, 네 명의 사촌들이 함께 왔습니다. 모두 12명이 되었습니다. 각자 과자를 한 개씩 밖에 먹을 수 없게 되었습니다.

막 먹으려는데 또 초인종이 울립니다. 그때 엄마가 말합니다. 아이들이 들어오기 전에 얼른 과자를 먹으라고 말이지요. 그때 샘이 "잠깐만요!"라고 소리치며 문을 엽니다. 누구였을까요? 할머니였습니다. 할머니가 그 맛있는 과자를 잔뜩 구워 가지고 오신 것이지요. 모두들 즐겁게 과자를 먹게 되었습니다. 그러나 웬걸, 또 초인종이 울립니다. 이번에는 누구일까요? 작가는 말해주지 않습니다. 열린 결말 구조입니다. 그 뒤는 독자가 마음껏 상상하라는 것이지요.

이 책을 읽고 이렇게 이야기를 나누어보세요.

1. 이야기 알기

   1) 엄마가 맛있는 과자를 만들어주었어요. 샘과 빅토리아는 기분이 어땠을까요? 기분이 좋았다는 것을 어떻게 알 수 있나요?

   2) 그런데 자꾸자꾸 친구가 찾아왔어요. 어떻게 해야 하나요? 샘과 빅토리아는 어떤 생각을 했을까요? 그것을 어떻게 알

수 있나요?

3) 맨 마지막에 할머니가 과자를 많이 들고 왔을 때 아이들의 마음은 어땠을까요? 그런데 또다시 초인종이 울렸어요. 이번에는 누가 무슨 일로 왔을까요?

2. 그림 자세히 살피기

1) 본문 4~5쪽, 옆집에 사는 톰과 한나가 찾아왔을 때 샘은 손에 무엇을 잡고 있나요? 왜 그랬을까요?

2) 맨 처음 엄마가 과자를 만들어주셨을 때와 아이들이 자꾸 찾아왔을 때 톰과 빅토리아의 표정이 어떻게 달라지고 있나요?

3. 등장인물 되어보기

1) 초인종이 울릴 때마다 여러분이 샘이라고 생각하고, 하고 싶은 말을 해봅시다.

2) 할머니가 과자를 들고 오셨을 때 빅토리아는 무슨 말을 했을까요?

이야기를 나눌 때 이런 점을 유의하세요.

이 책을 읽고 숫자나 분수 개념을 가르치려고 애쓰는 분들이 많이 있지요? 그것보다는 아이들이 맛있는 것을 친구들과 나누어 먹어야 한다는 생각과 자신이 먹어야 할 과자가 점점 줄어들면서 생기는 마음의 갈등을 이해하는 것이 더 중요합니다. 그 점에 초점을 맞추어 대화를 나누면 좋겠습니다. 그런 샘과 빅토리의 마음이 점점 어떻게 변해가는지 표현해보게 하고, 그것을 살피고 공감하고 반응해주는 것이 중요합니다.

book_ 73

글_ 도린 크로닌

그림_ 베시 루윈

옮김_ 이상희

출판사_ 주니어RHK

추천 연령_ 만 3~5세

주제_ 사랑과 관심, 소통

탁탁 톡톡 음매~
젖소가 편지를 쓴대요

이 책은 어떤 책인가요?

아이디어가 매우 기발하고, 내용이 아주 재미있는 책입니다. 어린아이는 어린아이대로, 큰 아이는 큰 아이대로, 어른은 어른대로 다르게 의미를 해석하며 재미를 느낄 수 있는 책입니다. 브라운 씨의 농장에서 벌어진 이야기입니다. 브라운 씨의 농장에는 여러 동물들이 있습니다. 그런데 젖소가 타자 치는 법을 배워 브라운 아저씨에게 편지를 쓰면서 시작되는 이야기입니다.

어른의 입장에서 이 그림책을 보면 노사 파업이 연상될 것 같고, 제법 큰 아이들이 보면 부모와의 소통 문제가 생각날 것 같습니다. 아주 어린아이들이 보면 동물들이 너무 추우니 무조건 빨리 전기 담요를 넣어주어야 한다고 생각할 것 같습니다.

그림책은 아이들의 언어를 사용하여 인간 삶의 본질적 문제들을 다루고, 아이들은 나름대로 그것을 이해할 것입니다. 우리가 어찌 함께 살아가고 있는 동물들에게 신경 쓰지 않을 수 있겠습니까? 어떻게 보면 이 책이 소통의 문제를 다루고 있는 것 같지만, 사실은 동물들에게까지 사랑과 관심을 주며 살아가야 한다는 메시지를 전하고 있는 것 아닐까요? 그렇다면 아이들이 가장 잘 이해하는 셈이 되겠군요. 아무튼 아이들이 쉽게 이해할 수 있고 재미있어 하는 책입니다. 그래픽풍의 그림, 간결하고 쉬운 언어, 의성어 사용으로 책은 재미있고 이해하기 쉽습니다. 칼데콧 명예상을 수상한 책입니다.

이 책의 작가는요?

이 책의 글 작가, 도린 크로닌(Doreen Cronin, 1966~)은 미국 뉴욕에서 태어나고 성장했습니다. 펜실베이니아 주립대학과 성 요셉대학에서 법학을 공부하고 변호사로 일했습니다. 작가가 된 것은 그녀의 초등학교 1학년 시절 선생님의 권유가 크게 작용했다고 합니다. 이 책은 작가가 쓴 첫 책입니다. 그녀의 그림책들은 이 책의 그림 작가인 베시 루윈(Betsy Lewin)과 작업한 것이 많습니다. 대표적인 작품으로는 《지렁이의 일기》, 《오리를 조심하세요!》, 《오리, 대통령이 되다!》, 《말괄량이 파리 윙윙이의 일기》 등이 있습니다.

이 책의 그림 작가, 베시 루윈(1937~)은 수많은 그림책에 그림을 그린 일러스트레이터입니다. 이 책의 글 작가인 도린 크로닌의 글에 그림을 많이 그렸습니다. 특히 동물 그림을 잘 그린다고 합니다. 작가의 어머니는 유치원 교사이었는데 그림책을 좋아해서 매일 밤 그림책을 읽어주었다고 합니다. 프렛학교에서 일러스트레이션을 공부했습니다. 학교를 졸업하고 처음에는 어린이 잡지에 이야기를 쓰고 그림을 그렸습니다. 그러다가 그림책 일러스트레이터인 테드 루윈(Ted Lewin)을 만나 함께 그림책 작업을 많이 했습니다. 작품으로는 《오리를 조심하세요!》, 《오리, 대통령이 되다!》 등이 있습니다.

이 책의 줄거리는요?

브라운 씨의 농장에는 여러 동물들이 있습니다. 어느 날 젖소가 외양간에서 낡은 타자기 한 대를 발견합니다. 젖소는 날마다 '탁탁', '톡톡' 타자 치는 연습을 합니다. "탁탁 톡톡 음매~" 브라운 씨는 정말 믿어지지 않았습니다. 더 놀랄 일은 그 젖소가 브라운 씨에게 편지를 썼다는 사실입니다. "브라운 아저씨께, 헛간이 너무 너무 추워요. 밤마다 덜덜 떨고 있어요. 전기담요를 깔아주시면 좋겠습니다." 편지를 받아본 브라운 아저씨는 "어림없어! 전기담요는 안 돼!"라고 소리칩니다. 그러자 젖소들이 파업을 하겠다고 합니다. 자기들도 우유를 만들어줄 수 없다고요. 브라운 아저씨는 머리 끝까지 화가 났습니다. 동물들은 겁먹은 듯이 브라운 아저씨를 쳐다봅니다.

젖소들은 계속해서 편지를 보냅니다. 젖소들뿐만 아니라 암탉들도 추워서 덜덜 떨고 있다고요. 브라운 아저씨는 계속해서 고집을 피웁니다. 절대로 담요를 줄 수 없다고요. 젖소와 암탉들은 마땅히 해야 할 일을 해야 한다고 써 붙입니다. 이미 글자를 배우고, 타자를 칠 줄 아는 동물들이 가만있었을까요? 자기들도 우유와 달걀을 줄 수 없다고 뜻을 굽히지 않습니다.

동물들은 다시 타협을 합니다. 자기들이 가진 타자기를 줄 테니

담요를 달라고 말입니다. 브라운 아저씨는 어쩔 수 없이 동물들에게 담요를 넣어줍니다. 중립적인 위치에서 편지를 전해주던 오리도 한몫합니다. "브라운 아저씨께, 우리가 사는 연못도 너무 심심하답니다. 다이빙대를 하나 마련해주시면 좋겠습니다." 과연 어떻게 되었을까요?

이 책을 읽고 이렇게 이야기를 나누어보세요.

1. 이야기 알기

   1) 젖소들이 브라운 아저씨에게 처음에 어떤 편지를 보냈나요? 편지를 받은 브라운 아저씨는 어떻게 했나요?

   2) 브라운 아저씨는 어떻게 해서 젖소들에게 담요를 깔아주게 되었나요?

2. 그림 자세히 살피기

   1) 본문 7~8쪽, 젖소들이 우유를 드릴 수 없다는 편지를 보냈을 때 브라운 아저씨는 어떤 기분이었나요? 그것을 어떻게 알았나요?

3. 등장인물 되어보기

   1) 젖소들과 암탉들이 우유와 달걀을 주지 않겠다고 했을 때 브라운 아저씨의 마음은 어땠을까요?

   2) 브라운 아저씨가 마구 화를 내는 것을 보고 젖소들은 어떤 마음이었을까요?

이야기를 나눌 때 이런 점을 유의하세요.

이 책은 연령 제한 없이 즐길 수 있는 책입니다. 비교적 어린아이들도 좀 더 큰 아이들도 모두 즐길 수 있습니다. 소리의 리듬감을 살려가며 즐겁게 읽으면 되겠지요. 복잡한 메시지를 꺼내어 이야기하기보다는 단순하게 이야기를 즐기면 됩니다.

이 책은 앞 뒤 표지를 쭉 펼쳐서 한 장면으로 보아야 합니다. 각 펼침 면도 하나의 장면으로 전개됩니다. 책의 그림들을 유심히 살피면서 브라운 아저씨나 동물들의 기분을 느끼고 표현해보면 좋습니다.

book_ 74

글·그림_ 레오 리오니

옮김_ 김난령

출판사_ 시공주니어

추천 연령_ 만 3~5세

주제_ 더불어 살아감

헤엄이

이 책은 어떤 책인가요?

바닷속에서 행복하게 살아가는 빨간 작은 물고기들에 관한 이야기입니다. 그들의 세계는 참 신비스럽고 경이롭습니다. 각종 아름다운 것들로 가득하지요. 그러나 아름다운 것들만 있는 것은 아닙니다. 그들의 생명을 위협하는 위험 요소도 있습니다. 이 위험한 세계를 빨간 작은 물고기들이 지혜를 모아 함께 살아가는 이야기입니다. 심오한 의미를 던져주는 책입니다. 한 편의 깨끗한 시 같습니다.

이 책은 그림도 멋있고, 문장도 멋있고, 내용도 멋있습니다. 그림은 스탬핑과 데칼코마니 기법을 사용했습니다. 스탬핑은 우리가 초등학교 다닐 때 고구마나 감자 등에 홈을 파서 물감을 발라 찍었던 것과 같은 기법입니다. 데칼코마니는 무늬를 특수종이에 찍어 얇은 막이 생기면 그것을 다른 표면에 옮기는 회화 기법입니다. 자세히 보면 물고기들의 모양이 모두 똑같습니다. 좀 살찌고 여윈 차이는 있습니다. 이것은 아마 스탬프를 만들 때 몇 개를 만들어 섞어가며 찍은 것 같습니다.

여러분은 자신이 누구인지 잘 알고 계십니까? 무엇을 잘하고 무엇을 잘 못하는지, 무엇을 싫어하고 무엇을 좋아하는지, 언제 기분이 좋아지고 언제 나빠지는지, 언제 편안해지고 언제 불편해지는지 잘 알고 계신가요? 자신이 무엇을 하고 싶은지, 어떻게 살고 싶은지 잘 알고 계신가요? 우리는 가장 기본적인 것조차 생각하지 못하며 살아갈 때가 많습니다. 이런 걸 아는 것을 학술적 용어로는 '자아 정체감'이라고 합니다. 자신을 아는 일은 다른 사람과 함께 어울려 살아가야만 알 수 있습니다. 다른 사람의 이야기를 듣고, 다른 사람의 모습을 보고, 거기에 나를 비추어보는 것입니다. 이 책은 이런 이야기들을 아주 자연스럽게 하고 있습니다. 읽는 즉시 이해가 되는 책이라기보다는 오랜 시간 뒤에 계속 생각이 나는 그런 책이 될 것 같습니다.

이 책의 작가는요?

이 책의 작가, 레오 리오니(1910~1999)는 네덜란드 암스테르담에서 태어나 가정적으로나 사회적으로 비교적 좋은 환경에서 여유롭게 살았습니다. 그의 집 근처에는 릭스 미술관, 스테델릭 미술관 등이 있었고, 특히 집안에는 미술 애호가와 미술품을 수집하는 사람들이 많아 그는 어려서부터 현대 미술품들을 쉽게 접할 수 있었다고 합니다. 이것이 나중에 그림책을 만드는 데 훌륭한 자산이 되었다고 합니다.

작가는 나이가 거의 오십이 다 되어 손자와 함께 기차 여행을 하다가 지루해하는 아이를 위해 즉흥적으로 잡지를 찢어 이야기를 만들어 들려준 것이 《파랑이와 노랑이》였습니다. 그것이 그의 첫 번째 그림책이었고, 그해 〈뉴욕타임스〉의 최고 그림책 상을 받게 되었습니다.

이후 그는 신선하고 독창적인 그림들과 자기 정체성을 찾아가는 가슴 따뜻한 이야기들이 담긴 그림책들을 계속 펴내면서 전 세계 어린이들로부터 사랑을 받는 그림책 작가가 되었습니다. 그는 그림책 작가가 된 것을 매우 만족해했다고 합니다. 작가의 다른 책들로는 《꿈틀꿈틀 자벌레》, 《물고기는 물고기야!》, 《새앙쥐와 태엽쥐》, 《프레드릭》 등이 있습니다. 그는 칼데콧 상을 네 번이나 받았습니다.

이 책의 줄거리는요?

아름다운 바닷속에 빨간 작은 물고기들이 떼를 지어 살고 있습니다. 한 마리만 홍합 껍질처럼 까만색입니다. 이름이 '헤엄이'랍니다. 다른 친구들보다 헤엄을 잘 쳐서 이름이 '헤엄이'였습니다. 그런데 무섭고 날쌘 다랑어가 나타나서 이 작은 물고기들을 잡아먹었습니다. '헤엄이'만 겨우 도망쳤습니다. '헤엄이'는 몹시 무섭고 외롭고 슬펐습니다. 그러나 '헤엄이'는 신기한 것들로 가득 찬 바닷속을 혼자 헤엄쳐 돌아다녔습니다. 그러다가 자기와 똑같은 빨간 작은 물고기들이 물풀 속에 숨어 사는 것을 발견했습니다. '헤엄이'는 너무 반가워서 "얘들아 함께 헤엄치면서 놀고 구경도 다니자!" 하고 소리쳤습니다. 작은 물고기들은 "안 돼. 큰 물고기들한테 몽땅 잡아먹혀"라고 말하지요. '헤엄이'는 생각하고 또 생각했습니다. 좋은 생각이 떠올랐습니다. 빨간 작은 물고기들이 큰 물고기 모양으로 대열을 하고 자신은 눈이 되어 다니면 되겠다고요. 그래서 작은 물고기들은 시원한 아침에도, 한낮에도 무리를 지어 유유히 바닷속을 헤엄치며 돌아다닐 수가 있었습니다.

이 책을 읽고 이렇게 이야기를 나누어보세요.

1. 이야기 알기

   1) 빨간 작은 물고기들이 왜 물풀 속에 숨어 살았을까요?
   2) '헤엄이'가 바닷속 이곳저곳을 혼자 돌아다닐 때 무슨 생각을 했을까요?

2. 그림 자세히 살피기

   1) 본문 25~28쪽, 작은 물고기들이 큰 물고기처럼 무리지어 다닐 때 큰 물고기들이 작은 물고기들을 쳐다보고 있었나요? 왜 쳐다보지 않았을까요?

3. 등장인물 되어보기

   1) 빨간 작은 물고기들이 물풀 속에 숨어 살 때 어떤 기분이었을까요?
   2) 작은 물고기들이 큰 물고기처럼 무리지어 다니며 이곳저곳 구경하며 돌아다닐 때는 어떤 기분이었을까요?

이야기를 나눌 때 이런 점을 유의하세요.

그림책의 의미 작용은 단일한 층위에서 일어나는 것이 아닙니다. 책을 읽을 때 책 속의 내용을 있는 그대로 파악하는 일이 가장 먼저 일어나겠지요. 곧이어 내용을 해석하고 의미를 이해하게 됩니다. 그런 다음, 그 의미를 자신의 문제로 연결해 생각하고, 적용하는 자기 성찰의 과정으로 이어지게 됩니다. 이런 과정들은 즉시적으로 한꺼번에 일어날 수도 있고, 한참 시간이 지나고 난 후 따로따로 일어날 수도 있습니다.

이 책은 내용 파악이나 의미 이해도 중요하지만 내용 확장, 즉 자기 성찰로 이어지게 하는 것이 중요합니다. 예를 들면 까만 물고기의 아이디어도 중요하지만 빨간 작은 물고기들이 그들의 약점을 잘 알고, 서로 어울려 잘 살아가는 것에 대한 의미를 깨닫는 것도 중요합니다. 이처럼 각자의 입장에서 여러 가지 의미를 도출하고 적용하는 것이 중요합니다. 교육은 결코 단 일회적 사건이 아닙니다. 먼 훗날 어떤 것을 결정해야 할 때 이 책의 의미가 새롭게 생각날 때도 있겠지요. 그런 차원에서 이야기를 나누면 좋겠습니다.

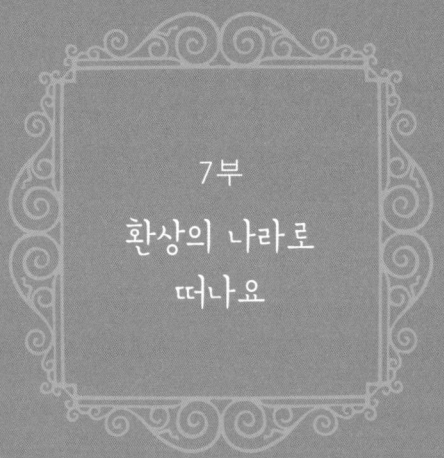

7부

환상의 나라로
떠나요

book_ 75

글·그림_ 모리스 샌닥

옮김_ 강무홍

출판사_ 시공주니어

추천 연령_ 만 3~5세

주제_ 엄마 사랑, 환상세계로의 모험

괴물들이 사는 나라

이 책은 어떤 책인가요?

그림책의 역사를 바꾸어놓은 책이라고들 하지요. 1963년에 출간되었고, 이 책이 출간되기 이전과 이후로 그림책의 개념이 바뀌었다고 합니다. 글과 그림이 융합되어 어떻게 이야기를 만들어내는지 새로운 길을 보여준 책이지요. 이 책은 전 세계 어린이들이 정말 좋아하는 책입니다.

여러분은 괴물들을 그리라고 하면 어떻게 그리겠습니까? 저는 아마도 머리에 뿔이 난 사람, 도깨비를 그려놓을 것 같습니다. 도깨비를 본 적은 없지만, 그림책에서 그려놓은 도깨비들이 한결같이 그런 모습들이었으니까요. 모리스 샌닥이 그려놓은 괴물들을 좀 보세요. 얼마나 기발한 괴물들인가요? 이런 괴물들을 상상이나 해보셨습니까? 그림책은 이처럼 우리들의 상상을 무한 가능하게 만드는 아주 특별한 매체입니다.

아이들은 괴물들을 보는 것만으로도 이 그림책에 푹 빠져들 것입니다. 주인공 맥스는 개구쟁이입니다. 너무 심하게 장난을 치다가 엄마에게 방에 갇히는 벌을 받습니다. 방에 들어가 가만히 있지 않고 상상의 세계로 빠져드는 이야기입니다.

환상적 이야기의 구조는 대부분 집이나 안락한 현실 세계에서 지내다가 어떤 계기로 환상세계로 들어갑니다. 환상세계에서 여러 가지를 경험하다가 다시 현실 세계로 돌아오는 식으로 구성되지요. 즉 현실 세계에서 환상세계로, 환상세계에서 다시 현실 세계로 돌아오는 구조입니다. 현실 세계는 늘 따라야 할 규칙과 질서가 있지요. 아이들은 아직 성장 중에 있기 때문에 현실 세계의 규칙과 질서를 따르기가 무척 힘들 때가 많습니다. 그런데 아이들은 현실 세계가 아닌 환상세계에서 현실 세계의 제약을 벗어나 마음껏 놀다 보면 현실 세계의 규칙과 질서를 따르기가 훨씬 쉬워진다고 하네요. 아이들에게는 환상세계에서의 경험이 꼭 필요합니다.

이 책도 바로 그런 류의 책입니다. 맥스가 집에서 제한 없이 자유롭게 장난을 칠 수는 없었습니다. 엄마의 제재를 받을 수밖에 없지요. 이때 맥스는 환상세계로 들어가 자유롭게 놀다 집으로 돌아오지요. 현실 세계에서 엄마와 갈등을 겪지만 환상세계로부터 돌아오면서 맥스는 엄마의 사랑을 확인하는 순간을 가지게 됩니다.

이 책의 작가는요?

이 책의 작가 모리스 샌닥은 그림책의 역사를 바꾸어놓은 '그림책의 거장'이라고 합니다. 미국 뉴욕시 빈민가 브루클린에서 유태계 이민자의 아들로 태어났습니다. 모리스는 그가 그림책을 출간하기 이전에는 생각하지도 못했던 그림책 세상을 우리들에게 처음으로 펼쳐보인 사람입니다. 작가는 그림책을 그림이 있는 이야기책에서 그림으로 이야기하는 그림책으로 바꾸어놓았습니다. 그는 어린이를 잘 관찰해서 어린이의 세계를 그려낸 것이 아니라 자신의 어린 시절을 끄집어내어 펼쳐보인 사람입니다. 작가의 그림책은 어린이들이 자라면서 겪는 여러 내면세계들을 실감나게 표현하고 있습니다.

어려서부터 병약하여 친구들과 마음껏 뛰어놀지 못하고 창밖으로 친구들이 노는 모습을 지켜보거나 드러누워 친구들의 노는 소리를 들어야만 했습니다. 친구들을 바라보며 고독하고 외로운 마음, 약간은 쓸쓸한 마음으로 살았던 것 같습니다. 그래서 자신의 내면세계를 들여다보고 그것을 그림으로 표현하는 데 익숙했는지도 모르겠습니다.

작품들로는 《깊은 밤 부엌에서》, 《아주 머나먼 곳》, 《토끼 아저씨와 멋진 선물》, 《잃어버린 동생을 찾아서》 등이 있습니다. 1964년 《괴물들이 사는 나라》로 칼데콧 상을 수상했고, 1970년에는 한스 크리스티안 안데르센 상을 수상했습니다. 1996년에는 미국 예술 분야에 세운 공로를 인정받아 국가예술훈장을 받았으며, 2003년에는 아스트리드 린드그렌 상의 첫 번째 수상자가 되었습니다.

이 책의 줄거리는요?

주인공 맥스는 대단한 장난꾸러기입니다. 벽에다 못질을 해서 줄을 치고, 그 줄에 옷가지를 걸어 움막을 만들기도 합니다. 포크를 들고 강아지를 찍으려고 우당탕탕 계단을 뛰어 내려오기도 하지요. 맥스의 엄마는 정말 견디기 힘들었던 것 같습니다. 그래서 "이 괴물 딱지 같은 녀석!" 하고 소리를 지릅니다. 맥스도 지지 않습니다. "그럼, 내가 엄마를 잡아먹어 버릴 거야!" 결국 맥스는 벌을 받고 자기 방에 갇히게 되지요. 방에 갇힌 맥스는 이제부터 상상의 나라로 여행을 떠납니다.

괴물들이 사는 나라로 찾아가지요. 배를 타고, 하루, 이틀, 한 달, 두 달, 꼬박 일 년쯤 항해를 합니다. 괴물 나라에 도착합니다. 아주 희한하게 생긴 괴물들이 나타나 으르렁대기 시작합니다. 맥스는 눈을 똑바로 뜨고, 소리를 질러 괴물들을 제압합니다. 그리고 괴물들의 왕이 되어 마음껏 호령하고 신나게 놉니다. 그곳에서 노는 것이 지루해진 맥스는 다시 배를 타고 거슬러 집으로 돌아옵니다. 맥스의 방에는 엄마가 차려준 맛있는 밥상이 기다리고 있습니다.

이 책을 읽고 이렇게 이야기를 나누어보세요.

1. 이야기 알기

   1) 맥스는 왜 밥도 먹지 못하고 방에 갇혔을까요? 방에 갇힌 맥스는 무엇을 했나요?
   2) 맥스는 어떻게 괴물들의 왕이 되었나요? 맥스는 괴물들과 어떻게 놀았나요?

2. 그림 자세히 살피기

   1) 본문 2과, 4쪽, 맥스가 집에서 장난을 어떻게 쳤을까요?
   2) 눈을 감고 맥스가 괴물 나라에서 노는 장면을 생각해봅시

다. 나무들의 색깔은요? 바람은 어떻게 불었을까요? 괴물들의 옷은요? 괴물들의 발가락은요? 괴물들의 눈은 어떻게 생겼나요? 눈을 뜨고 책을 보면서 조금 전에 생각했던 장면이랑 비교해봅시다.

3. 등장인물 되어보기

　1) 엄마가 야단치기 전까지 맥스가 집 안에서 어떻게 놀았는지 우리도 맥스처럼 한 번 놀아봅시다.

　2) 맥스가 괴물 나라에서 괴물들과 어떻게 놀았을까요? 우리도 그렇게 한 번 놀아봅시다.

이야기를 나눌 때 이런 점을 유의하세요.

이 책은 맥스가 집에서 놀다가 엄마에게 야단을 맞고 집을 떠나 괴물들이 사는 나라, 즉 환상의 세계로 갑니다. 환상세계에서 여러 가지를 경험하고, 다시 집으로 돌아오는 구조입니다. 현실에서 환상으로, 환상에서 다시 현실로 돌아오는 구조이지요. 아이들에게는 이 환상세계의 경험이 중요합니다. 환상세계의 경험은 아이들이 현실 세계에서 할 수 없는 많은 것들을 경험하지요. 현실에서의 부족, 결핍, 욕구, 불안 등을 해소하는 경험이 됩니다. 이 책을 통해 아이들이 현실과 환상세계의 다름을 인지할 수 있으면 좋겠습니다. 집 안에서 노는 것과 괴물들이 사는 나라에서 노는 것이 어떻게 다른지 알면 좋겠지요.

bookk_ 76

글·그림_ 존 버닝햄

옮김_ 고승희

출판사_ 비룡소

추천 연령_ 만 3~5세

주제_ 가족 사랑, 놀이

구름 나라

이 책은 어떤 책인가요?

집은 안주하고 싶기도 하고, 떠나고 싶기도 한 곳인 것 같습니다. 그래서 그런지 그림책에는 집을 떠나 어디선가 재미있게 놀다가 집으로 다시 돌아오는 식으로 구성된 책들이 많습니다. 이 책도 바로 그런 책입니다. 아이들은 자유롭게 놀 수 있는 권리가 있습니다. 그 놀이는 어떤 형태의 놀이이든 괜찮습니다. 현실적으로 불가능할 것 같은 놀이면 마술이나 요술을 부리면 됩니다. 어른의 놀이는 반드시 따라야 할 규칙이 있지만, 아이들의 놀이는 규칙이 없습니다. 아이들의 삶에서 놀이는 절대적 가치를 지닙니다. 그러나 놀이를 좋아하는 아이들도 결국에는 부모님 품에 안주하고 싶어 하는 아이의 본질적 성향이 있지요. 이 책은 이렇게 아이의 본질적 성향을 잘 그려낸 책입니다.

이 책은 실제로 구름이 있는 하늘을 사진으로 찍어 그 위에다 그림을 그렸습니다. 환상 속에서 현실감을 느끼게 만드는 아주 특별한 책이지요. 환상적 이야기도 그 속에서 나름의 규칙과 질서를 지닌 이야기가 될 때 환상 그림책은 훨씬 더 설득력을 지니게 됩니다.

아이들에게 이 책을 한 번 읽어주면 금방 다시 읽어달라고 요청하는 경우가 많다고 합니다. 아이들이 좋아하는 책을 고르는 것이 책을 가장 잘 고르는 방법이지요. 이 책은 아이들이 절대로 실망하지 않는 책입니다.

이 책의 작가는요?

이 책의 작가, 존 버닝햄은 앞에서도 소개한 적이 있지요. 영국의 3대 그림책 작가 중 한 분입니다. 우리나라 사람들에게 아주 잘 알려진 작가입니다. 어렸을 적부터 학교생활에 잘 적응하지 못해 학교를 여러 군데 옮겨 다녀야 했다고 합니다. 그래서인지 그는 어린아이들의 마음을 그 어떤 작가보다 잘 알고 있다는 평을 받고 있습니다. 이런 이유 때문인지 그는 어린이의 눈으로 어린이와 소통해야 한다는 내용의 그림책들을 많이 그렸습니다.

대부분의 작품들은 현실과 환상을 오가는 이야기가 많은데 《구름 나라》는 현실에서 환상으로, 다시 현실로 돌아오는 환상 그림책의 전형적 구성으로 만들어진 책입니다. 어쨌거나 존 버닝햄의 그림책들은 대부분 환상세계를 다루는 것들이 많습니다. 그만큼 이 작가는 아이들의 상상을 중히 여기는 작가입니다. 상상이 없는 환상 이야기가 있을 수 없고, 환상적 세계를 보여주지 않는 그림책은 아이들에게 매력을 잃기 쉽지요. 아이들이 정말 좋아하는 작가입니다.

이 책의 줄거리는요?

앨버트는 엄마, 아빠와 함께 산으로 놀러갑니다. 발 아래 구름이 보입니다. 잘못하여 발을 헛디뎌서 앨버트는 그만 절벽 아래로 떨어지고 맙니다. 때마침 이 광경을 지켜보고 있던 구름 나라 아이들이 앨버트를 구합니다. 구할 뿐만 아니라 앨버트를 위로하며 침대도 만들어주고, 아침밥도 차려줍니다. 그러나 앨버트의 엄마, 아빠는 사랑하는 아들을 잃고 깊은 슬픔에 빠집니다.

아침이 되어 구름 나라 아이들은 앨버트에게 높은 데 올라가서 놀자고 합니다. 뛰어내리기 놀이도 하고, 북 치며 소리치며 신나게 놀았습니다. 수영도 했습니다. 아름다운 무지개를 보며 그림 그리기도 했습니다. 구름을 타고 달리기도 했습니다. 문득 앨버트는 혼자 뒤쳐져 있는 자신을 발견합니다. 그러나 앨버트는 구름 나라 친구들과 노는 것이 무척 재미있었습니다.

어느 날 밤 앨버트는 구름 침대에서 아래를 내려다봅니다. 저 멀리 도시의 불빛을 바라보며 자기 집의 작은 침대가 생각났습니다. "집에 가고 싶다"라고 소리칩니다. 이 소리를 구름 나라의 여왕님이 듣고, 회의를 해서 앨버트를 집으로 돌려보내기로 결정합니다. 파티를 열어주고, 잘 가라는 인사를 합니다. 주문을 외워 앨버트는 자기 침대로 돌아오게 되고, 엄마, 아빠가 앨버트 곁에 있습니다. 간혹 앨버트는 다시 구름 나라로 가고 싶다는 생각을 합니다.

이 책을 읽고 이렇게 이야기를 나누어보세요.

1. 이야기 알기

1) 어쩌다가 앨버트가 구름 나라로 가게 되었나요?

   2) 구름 나라에서 재미있게 놀던 앨버트가 어떻게 집으로 돌아오게 되었을까요?

  2. 그림 자세히 살피기

   1) 본문 7~8쪽, 엄마, 아빠가 절벽 위에 서 있는 모습이 어떤가요?

   2) 본문 25~26쪽, 앨버트가 뒤쳐졌을 때 구름 나라 아이들은 어떻게 했나요?

  3. 등장인물 되어보기

   1) 앨버트가 구름 나라 아이들과 놀 때 기분이 어땠을까요?

   2) 앨버트가 절벽 아래로 떨어져 보이지 않았을 때, 엄마, 아빠는 마음이 어땠을까요?

이야기를 나눌 때 이런 점을 유의하세요.

이 책은 역지사지(易地思之)를 경험할 수 있는 좋은 책입니다. 앨버트는 구름 나라 아이들과 재미있게 놀고 있지만 엄마, 아빠는 매우 슬퍼하고 있는 것을 바꾸어 생각해볼 필요가 있습니다. 그러면서 가족애를 한 번 떠올려보는 것도 좋겠지요. 어쨌거나 위 세 가지 범주의 질문들이 그것을 도울 수 있을 겁니다. 아이들의 대답에 정답은 없습니다. 자유롭게 반응하게 하십시오. 어른들은 그저 공감해주면 될 것입니다.

book_ 77

글·그림_ 모리스 샌닥

옮김_ 강무홍

출판사_ 시공주니어

추천 연령_ 만 3~5세

주제_ 환상 여행

깊은 밤 부엌에서

이 책은 어떤 책인가요?

이 책은 만화풍의 그림책입니다. 익살스러운 촌극 같은 느낌을 주는 그림책입니다. 그림책의 한 컷, 한 컷이 모여서 하나의 환상적 세계가 만들어지고 있습니다. 그림 하나가 한 장면이 아니라 여러 장면이 모여져 살아서 움직이는 하나의 세계를 보여주는 것 같습니다.

어렸을 적, 자다가 높은 곳에서 뚝 떨어지는 꿈을 꾸신 적이 있나요? 꿈 이야기라고 해도 좋고, 상상적 여행 이야기라고 해도 좋고, 환상적 이야기라고 해도 좋을 것 같습니다. 현실 세계에서건 환상세계에서건 아이들이 자라면서 겪는 경험들이 잘 묘사되어 있습니다. 이것이 바로 어린이 문학의 본질입니다.

미키라는 아이가 한밤중에 잠들지 않고, 부엌으로 떨어져 빵 굽는 요리사들에 의해 오븐 속에서 구워질 뻔한 이야기입니다. 물론 주인공 미키는 무사히 탈출해서 저 은하수의 세계를 여행하고 잠자리에 듭니다.

운율과 리듬이 있는 책입니다. 그림책의 색상도 초현실적 세계를 표현하는 데 적절한 색채를 사용하고 있습니다. 이야기 구성도 탄탄합니다. 이야기 소재도 아이들이 실생활에서 흔히 경험할 수 있는 것입니다. 무엇보다 아주 재미있습니다. 그러나 이 책이 출간된 당시에는 주인공 미키의 벌거벗은 모습 때문에 미국의 부모와 교사들에게 상당히 충격을 주었다고 합니다. 분명 아이들이 좋아하는 책이 틀림없습니다.

이 책의 작가는요?

이 책의 작가, 모리스 샌닥은 미국 뉴욕시 빈민가 브루클린에서 유태인 이민자의 막내아들로 태어났습니다. 고등학교를 졸업한 후에 뉴욕의 고급 장난감 가게인 파워 슈워츠에서 일하면서 19세기 영국의 위대한 일러스트레이터인 월터 크레인(Walter Crane, 1845~1915)에게 그림 지도를 받았으며, 랜돌프 칼데콧(Randolph Caldecott, 1846~1886)의 그림책들을 통해서는 유머와 이야기 전달 기법을, 디즈니로부터는 판타지 세계를 배웠다고 합니다.

어려서부터 병약했고, 그래서 늘 집 안에서 친구들이 뛰어노는 광경을 부러운 눈길로 지켜보거나, 아버지가 들려주는 이야기를 듣고 혼자 종이에 뭔가를 끄적거리는 고독하고 섬세한 소년으로 성장했다고 합니다. 그래서인지 작가는 아이들을 발견해내는 데에 뛰어난 재능을 가졌다는 평을 받고 있습니다. 그의 책 속에는 어른들의 시각으로 바라본 아이들이 아니라 제 나이만큼의 생각과 고민을 가진 아이들이 등장하지요.

그는 그림책의 노벨상이라고 하는 칼데콧 상을 일곱 번이나 수상했으며, 모든 작품을 총체적으로 평가해 수여하는 한스 크리스티안 안데르센 상까지 받았습니다. 그의 다른 작품들로는 《괴물들이 사는 나라》, 《아주 머나먼 곳》, 《토끼 아저씨와 멋진 선물》, 《잃어버린 동생을 찾아서》 등 주옥같은 작품들이 있습니다.

이 책의 줄거리는요?

미키는 잠자리에 들었습니다. 곧 잠이 들었고, 요란한 소리가 들렸습니다. 그 순간 깜깜한 데로 굴러떨어지면서 옷이 벗겨졌습니다. 환한 부엌으로 떨어졌습니다. 빵 만드는 반죽 그릇 안으로 떨어졌습니다. 빵을 굽는 세 명의 요리사들이 미소를 지으며 서 있었습니다. 요리사들은 반죽에 미키를 넣고, "반죽에 밀크를! 반죽에 밀크를!"라고 흥얼거리며 반죽합니다. 반죽을 오븐에 넣으려는데 미키는 자신은 밀크가 아니고 미키라고 소리치면서 반죽을 뚫고 나왔습니다. 미키는 반죽으로 비행기를 만들어 하늘로 날아오릅니다. 이때 요리사들이 우유를 부탁하며 컵을 내밀자 미키는 그 컵을 모자삼아 쓰고 "내가 미키웨이에서 밀크를 구해 오겠어요"라며 하늘을 날아오릅니다. 마침내 은하수의 꼭대기에 다다르지요. 그곳에서 우유병을 발견하고 병 속으로 다이빙해서 들어갑니다. 미키는 우유병 속에서 우유를 마시며 노래를 부릅니다. 그리고 요리사들에게 우유를 부어줍니다. 요리사들은 즐거운 마음으로 빵을 만들기 시작하고 미키는 모습을 흐뭇하게 지켜보다가 "꼬끼오"라고 외치며 자기 침대로 뛰어듭니다.

이 책을 읽고 이렇게 이야기를 나누어보세요.

1. 이야기 알기

   1) 이야기 속에서 미키는 무엇을 했나요?

   2) 미키는 어떤 성격을 가진 아이였을까요? 왜 그렇게 생각하나요?

2. 그림 자세히 살피기

   1) 본문 2쪽과 35쪽, 침대 속에 있는 미키는 서로 어떻게 다른가요?

   2) 본문 15쪽, 이 그림은 왜 네 쪽으로 나뉘어져 있을까요? 그림을 보면서 말해보세요.

3. 등장인물 되어보기

   1) 환한 부엌으로 떨어진 미키의 기분은 어땠을까요?

   2) 비행기를 만들어 하늘을 날아오를 때 미키의 기분은 어땠을까요?

이야기를 나눌 때 이런 점을 유의하세요.

이 책은 환상적 내용으로 아이들의 문학적 상상력을 높여주기에 좋은 책입니다. 부엌이라는 일상적 공간을 판타지의 세계로 만들어줌으로써 아이들의 상상을 자극하고 있습니다. 아이들은 작가가 만들어낸 환상적 세계를 경험하고, 상상을 통해 사고의 범위를 확장할 수 있으면 됩니다.

아이들이 이야기의 흐름을 파악하고, 전체적인 맥락에 대한 감을 잡는 것이 매우 중요합니다. 아이들이 이야기의 흐름을 파악하는 데 방해가 되지 않도록 질문에 대한 답변은 짧게 하는 게 좋고, 책 속의 세부적인 내용보다는 전체적인 작품 감상에 초점을 맞추기 바랍니다. 이야기 속의 인물이 어떤 사건을 겪게 되는지 그 맥락을 이해하고 자유롭게 상상하고 표현하게 하면 됩니다.

book_ 78

지음_ 레이먼드 브릭스

출판사_ 마루벌

추천 연령_ 만 3~5세

주제_ 환상 여행

눈사람 아저씨

이 책은 어떤 책인가요?

레이먼드 브릭스(Raymond Briggs)의 걸작, 《눈사람 아저씨》입니다. 차고 싸늘한 눈사람 이야기이지만 매우 포근하고 따뜻한 느낌의 그림들로 구성된 책입니다. 글 없는 그림책입니다. 이 책은 분명 말이 필요 없는 그림책입니다. 그림만 봐도 저절로 이야기를 알 수 있기 때문이지요. 이야기 구조가 그 어떤 책보다 확실한 책입니다. 전체 32쪽이지만 175개의 프레임으로 잘게 나누고, 장면 장면을 연결해서 이야기를 전하고 있습니다. 175개의 프레임은 마치 만화처럼 구성이 되어 있습니다.

어린 소년이 환상 속에서 눈사람과 친구가 되는 이야기입니다. 환상과 꿈과 희망이 있는 이야기, 자기가 원하는 그림만 찍어보아도 이야기가 되는 이야기, 아이의 따뜻한 심성이 그대로 전달되는 이야기, 수십 년을 두고 계속해서 읽혀질 이야기, 겨울마다 찾게 될 이야기, 혼자 읽어도 좋고 부모와 함께 읽어도 좋은 이야기입니다. 그림을 따라 그냥 편안하게 읽어 나가기만 하면 되는 책입니다.

이 책의 작가는요?

이 책의 작가, 레이먼드 브릭스(1934~)는 영국 런던에서 태어났습니다. 윔블던 미술학교에서 4년간 유화를 공부하고, 런던 슬레이드 예술학교에서 회화를 공부했습니다. 현재는 영국이 자랑하는 세계적인 그림책 작가입니다. 작가는 그림책을 만들 때 만화적 기법과 영화적 기법을 많이 사용합니다. 그의 그림책을 보면 마치 한 편의 영화를 보는 듯한 느낌이 듭니다. 작가는 1966년과 1977년에 케이트 그린어웨이 상을, 1978년에 보스톤 글로브 혼북 상을 수상했습니다. 작품들로는 《바람이 불 때에》, 《산타 할아버지》, 《산타 할아버지의 휴가》, 《작은 사람》 등이 있습니다.

이 책의 줄거리는요?

어느 눈 오는 날, 아이는 잠에서 깨어나고 밖으로 뛰쳐나갑니다. 눈사람을 만들기 시작하고, 드디어 자기 키보다 더 큰 눈사람을 만듭니다. 그날 밤 아이는 잠을 잘 수가 없습니다. 엄마가 아이의 잠자리를 봐주고, 아이는 다시 일어나 밖을 내다봅니다. 아이는 드디어 문을 열고, 눈사람과 인사를 하고, 눈사람을 집 안으로 끌어들입니다. 꽁꽁 얼어붙은 눈사람은 아이의 따뜻하고 아늑한 집을 둘러보기 시작합니다. 아이는 집 안의 여러 가지 것들을 소개합니다. 전기를 켜고 끄는 것을 가르치고, TV도 켜 보이고 난방 기구에 가까이 가지 못하게 말리기도 하고, 이런저런 보호의 역할까지 합니다. 심지어 부모님의 방까지 안내합니다. 눈사람에게 아버지의 옷을 입혀보기도 하지요.

이제 반대의 일이 일어납니다. 눈사람 아저씨는 아이의 손을 잡고 밖으로 나갑니다. 둘은 손을 잡고 함께 하늘을 날기 시작합니다. 눈사람 아저씨는 혹독한 겨울의 나라를 소개합니다. 러시아를 건너고, 중동을 거쳐, 성 소피아 사원까지 구경합니다. 얼마나 멋있는 일인가요? 매우 환상적입니다. 하늘을 나는 일은 우리 모두가 꿈꾸고 바라는 일이 아닌가요?

부모님이 깨시기 전에 둘은 안전하게 집으로 돌아오고, 아이는 아늑한 침대 속으로 뛰어듭니다. 다음 날 아침 부모님은 식탁에 앉아 있고, 아이는 잠자리에서 일어나 식탁을 지나 허둥지둥 밖으로 뛰쳐나갑니다. 쓸쓸하게도 눈사람 아저씨는 온데간데 없고, 석탄과 눈덩이와 몇 가지 물건들만 남아 있습니다.

이 책을 읽고 이렇게 이야기를 나누어보세요.

1. 이야기 알기

    1) 이 책에서 무슨 일이 일어났나요? 큰 그림만 가지고 이야기를 해봅시다.

2. 그림 자세히 살피기

    1) 아이는 눈사람 아저씨와 하늘을 날면서 어떤 것들을 보았나요?

    2) 본문 19쪽, 큰 그림에서 아이는 어디로 왜 뛰어가고 있을까요?

3. 등장인물 되어보기

    1) 눈사람 아저씨랑 손을 잡고 하늘을 뜰 때의 기분을 말해보

세요.

2) 아침에 일어나 밖에 나가 보니 석탄과 눈덩이만 조금 남아 있는 것을 보고 아이는 기분이 어땠을까요?

이야기를 나눌 때 이런 점을 유의하세요.

이 책은 '글 없는 그림책'입니다. 글 없이 그림만으로 이야기의 주제, 인물의 성격, 배경과 같은 모든 문학적 요소들을 다 드러내고 있습니다. 독자는 그림만 보고 사건의 전개를 확인하고, 이야기를 이해해야 합니다. 그림은 글보다 해석의 여지가 더 많기 때문에, 이런 책을 읽을 때는 아이들이 자유롭게 상상하고 추론하면서 이야기를 이해합니다. 아이들은 이런 책을 더 흥미로워하고 즐기지요. 이런 책들도 자주 읽어줄 필요가 있습니다.

이 책은 만화처럼 구성되어서 장면, 장면을 보면서 이야기를 해보게 하면 됩니다. 인물이 취하는 행동이나 감정의 크기, 정서적 강렬함이나 사건의 중요성 등을 그림 크기로 표현하고 있습니다. 그림의 크기에 주의를 기울이고 인물이 느끼는 이런 마음들에 관해 이야기를 나누면 좋겠습니다. 작가는 동작 선을 활용하여 인물의 동작 방향과 속도감을 나타내고 있습니다. 본문 22쪽과 23쪽의 그림에서는 눈사람과 아이가 하늘을 빠르게 날지 않고 공중에 둥둥 떠다니며 천천히 도시의 풍경을 구경하고 있는 느낌을 주기도 합니다. 동작 선에도 주의를 기울이며 인물의 행동 방향이나 속도감을 느끼게 도와주면 좋겠습니다.

book_ 79

글·그림_ 토미 웅게러

옮김_ 김정하

출판사_ 비룡소

추천 연령_ 만 3~5세

주제_ 환상 여행

달 사람

이 책은 어떤 책인가요?

달과 관련한 그림책이 참 많지요. 그런 책들은 대부분 사람이 달에 관심을 가지는 이야기입니다. 그런데 이 책은 달이 사람에게 관심을 가지는 이야기입니다. 달 속에 한 사람이 몸을 웅크리고 앉아 사람이 사는 지구를 바라보고 있습니다. 자신이 살고 있는 달이 아니라 사람이 살고 있는 지구에 가고 싶습니다.

대담한 구도의 그림과 풍자적인 내용이 담긴 그림책입니다. 달 사람이 지구 사람들과 놀고 싶어서 지구로 오지만, 수상한 사람으로 여긴 지구 사람들은 그를 감옥에 가두고, 달 사람은 달의 힘을 빌려 감옥을 탈출하고 분젠 박사의 우주선을 타고 다시 달로 돌아간다는 이야기입니다.

토미 웅게러의 대부분 작품들이 그렇듯이 우리들의 삶 중에서 얼마든지 일어날 수 있는 일들을 풍자적으로 재미있게 기술한 책입니다. 편견을 지니지 않은 채 세상을 바라보라는 메시지를 유머러스하게 전하는 책이지요. 이런 유머는 우리를 매우 즐겁게 하지요. 환상 이야기이지만 별똥별을 잡고 지구로 온다거나, 우주선을 타고 지구를 탈출하는 등 리얼리티가 돋보이는 책입니다. 그러기에 이야기는 더욱 설득력을 지니지요. 매우 간단하면서도 예측불허의 이야기로 우리들의 가슴에 색채를 입히고, 즐거움을 선사하는 책입니다.

이 책의 작가는요?

이 책의 작가, 토미 웅게러(Tomi Ungerer, 1931~2019)는 프랑스가 자랑하는 동화 작가이자 일러스트레이터입니다. 그는 독일과 접경 지역인 프랑스 알사스 지방의 스트라스부르에서 태어났습니다. 이곳은 한때 독일에게 점령을 당했지요. 작가는 국적이 오락가락하는 경험을 하게 됩니다. 그는 어려서 심적으로, 물질적으로 고생을 많이 했습니다. 여섯 살 때 아버지가 돌아가시고, 전쟁을 겪고, 자기가 살던 고향은 남의 나라에 점령을 당하고, 꿈을 위해 달려간 뉴욕에서는 경제 대공황을 만나는 등 연이어 고통을 겪습니다. 작가의 작품은 사회의 모순, 편견, 차별을 드러내고 기존 사회의 부조리함을 드러내는 작품들이 많습니다. 작품 속 인물들은 정형화되지 않고 다양화되어 있지요. 특히 타인을 돕거나 세상을 변화시키는 힘을 가진 특별한 인물들이 많습니다.

2019년 이 세상을 떠나기 전까지 그는 100권이 넘는 그림책을 쓰고 그렸습니다. 우리나라에도 여러 책들이 번역되어 있습니다. 이 책 외에 《제랄다와 거인》, 《세 강도》, 《크릭터》, 《곰 인형 오토》, 《개와 고양이의 영웅 플릭스》, 《꼬마 구름 파랑이》 등 다수의 책이 있습니다.

이 책의 줄거리는요?

달 속에 몸을 웅크리고 앉아 있는 사람이 있습니다. 저 멀리 지구에서 행복하게 춤을 추고 있는 사람들을 바라보고 있습니다. 거기 가서 함께 행복하게 춤추고 싶은 마음이 간절합니다. 그때 기회가 왔습니다. 지구로 떨어지는 별똥별이 지나갑니다. 얼른 별똥별의 꼬리를 잡고 지구로 들어옵니다.

한편 지구에서는 달이 떨어지는 굉음을 듣고, 정체를 모를 '달 사람'을 발견한 지구 사람들은 한바탕 소동을 피웁니다. 거의 광란의 상태가 되어버립니다. 군대와 소방대가 동원되고, 아이스크림 장사꾼까지 모여들며, 과학자들은 성명을 발표하는 등 온통 난리법석을 피웁니다.

'달 사람'은 곧 감옥으로 보내지고, 그는 곧 몸이 커졌다가 작아지는 자신의 본질적 속성을 깨닫고, 그것을 이용해 감옥을 문제없이 탈출합니다. 감옥에서 탈출한 '달 사람'은 지구 사람들의 춤 놀이판에 참여하여 한바탕 춤을 춥니다. 그러나 외롭기는 마찬가지입니다. 별로 행복하지 않습니다. '달 사람'은 한때 유명했다가 지금은 잊혀진 과학자를 만나 자신의 가치를 인정받고, 달로 돌아가는 우주선을 탑니다.

이 책을 읽고 이렇게 이야기를 나누어보세요.

1. 이야기 알기

1) 어떤 부분이 제일 재미있었나요? 그 부분이 왜 재미있었나요?

2. 그림 자세히 살피기

1) 본문 8~10쪽, 사람들은 별똥별이 떨어지는 소리를 듣고 어떻게 했나요?

2) 그림의 배경이 왜 이렇게 까맣게 되어 있을까요?

3. 등장인물 되어보기

1) 달 사람이 감옥에 들어가서 무슨 생각을 했을까요?

2) 달 사람이 달로 돌아가면서 무슨 생각을 했을까요?

이야기를 나눌 때 이런 점을 유의하세요.

토미 웅게러의 책들은 대부분 희망, 과장, 리듬, 스릴과 모험, 엉뚱함, 고정관념의 탈피, 창의적 변형, 재미있는 그림 등 다양한 유머적 요소들을 담고 있습니다. 아이들은 이 작가의 책을 읽으면 저절로 웃게 되지요. 결과적으로 대단한 즐거움을 느끼게 되지요. 이 책 역시 마찬가지입니다.

사람들의 웃음은 어떤 효과가 있을까요? 사람이 웃으면 어떤 심리적 부담에서 자유로워지고, 위협적인 것들이 덜 위협적으로 느껴집니다. 웃음은 또 함께 웃는 사람과 웃음거리를 공유하므로 사람들과 더욱 친밀한 관계를 이루게 된다고 합니다. 사람들은 웃음으로 어려운 순간을 보다 쉽게 헤쳐 나가고, 개인적인 분노, 스트레스, 죄의식 같은 부정적 감정들을 경감시키며 삶에 행복감을 느끼게 된다고 합니다.

이런 책들은 아이들에게 유머 요소를 발견하게 하고, 유머를 경험하게 할 수 있는 훌륭한 매체입니다. 이런 책들을 읽을 때는 어떤 부분이 재미있었는지, 왜 재미있었는지 질문함으로써 아이들이 책 속의 재미 요소를 찾아낼 수 있도록 도와주는 것이 좋습니다.

book_ 80

글·그림_ 존 버닝햄

옮김_ 이상희

출판사_ 비룡소

추천 연령_ 만 3~5세

주제_ 소통

셜리야, 물가에 가지 마!

이 책은 어떤 책인가요?

아이의 세계와 어른의 세계, 현실 세계와 환상세계를 잘 대비해서 그려놓은 매우 재미있는 책입니다. 어른은 끊임없이 아이를 설득하기 위한 말을 쏟아냅니다. 환상세계 속의 아이는 말이 필요 없습니다. 다채로운 색상으로 이루어진 환상세계 속으로 그저 빠져들기만 하면 됩니다. 그림책에서 환상세계는 매우 중요합니다. 현실 세계 속에서 해결하지 못하는 여러 가지 결핍, 불만, 욕구들을 해소시킬 수 있는 참 좋은 세상이니까요. 현실 세계는 지켜야 하고, 따라야 할 규칙이 있고, 제한이 있습니다. 그러나 환상세계는 자유롭게 상상하고, 자유롭게 말하고, 자유롭게 뛰놀면 됩니다.

환상세계 속에서 마음껏 뛰논 아이들은 현실 세계의 규칙과 질서를 따를 수 있는 힘을 지니게 되지요. 간결하고도 쉬운 글, 반복적 문장 사용, 현실과 환상의 대립 구조로 구성된 이 책은 독자로 하여금 저절로 책 속에 빠져들게 하는 이상한 마력을 지니고 있습니다.

이 책의 작가는요?

이 책의 작가, 존 버닝햄은 영국에서 태어나 영국에서 생을 마감한 영국인들이 사랑하는 그림책 작가입니다. 그는 어렸을 적부터 학교생활에 잘 적응하지 못해 여러 군데 학교를 옮겨 다녀야 했다고 합니다. 다행히 그는 진보적인 부모님 덕분에 그에게 맞는 좋은 대안학교를 찾았고, 그곳에서 자신이 좋아하는 그림을 마음껏 그리며 학교생활을 했다고 합니다. 그래서 그런지 대부분 그의 작품들은 어른이 어린이의 시선으로 어린이와 소통해야 할 것을 주장하는 책들이 많습니다.

작가는 세계적으로 유명한 대안학교인 서머힐 학교를 졸업하고, 런던 센트럴 아트스쿨에서 그래픽 디자인과 일러스트레이션을 공부했습니다. 그곳에서 헬렌 옥슨버리를 만나 결혼하고, 평생을 함께 그림책을 그리며 살았지요. 1963년 《깃털 없는 기러기 보르카》를 출간하고, 이 작품으로 케이트 그린어웨이 상을 수상했습니다. 그는 《깃털 없는 기러기 보르카》 이후 60권이 넘는 그림책을 출간했습니다. 《지각대장 존》, 《우리 할아버지》, 《마법 침대》, 《야, 우리 기차에서 내려!》, 《동물원 가는 길》, 《구름 나라》, 《셜리야, 이제 목욕은 그만!》, 《검피 아저씨의 뱃놀이》 등 누구나 다 잘 아는 책들이지요. 그의 책들은 대부분 우리나라에 번역 출간되었습니다.

이 책의 줄거리는요?

셜리의 가족은 해변가로 놀러갑니다. 엄마와 아빠는 해변가에 자리를 잡고 일상에서 벗어나 잠깐 휴식을 취합니다. 그동안 셜리는 미지의 바다로 항해하는 기회를 잡습니다. "셜리야. 저기 가서 다른 애들이랑 같이 놀지 그러니?" 엄마가 말합니다. 그러나 셜리는 이미 보트를 타고 모험을 시작했습니다. 셜리는 엄마가 만지지 말라는 개와 함께 해적선의 해적들과 용감하게 싸웁니다. 둘은 해적들로부터 보물섬 지도를 빼앗아 보트를 타고 느긋하게 노를 저어갑니다. 노를 저어 도착한 보물섬에서 보물 상자를 찾아냅니다. 보물 상자의 뚜껑을 엽니다. 휘황찬란한 보석들이 가득하겠지요. 밤이 되어 둘은 다시 보트를 타고 엄마, 아빠가 있는 곳으로 돌아옵니다. 엄마는 시간이 늦었으니 이제 집으로 가자고 합니다. 셜리는 엄마 손을 잡고 집으로 돌아옵니다.

이 책을 읽고 이렇게 이야기를 나누어보세요.

1. 이야기 알기

   1) 셜리는 해변가에서 무엇을 하며 놀았나요?

   2) 엄마와 아빠는 해변가에서 무엇을 했나요?

2. 그림 자세히 살피기

   1) 셜리가 노는 장면과 엄마, 아빠가 쉬는 장면의 중요한 차이는 무엇일까요?

   2) 엄마, 아빠는 서로 어디를 바라보고 있나요?

3. 등장인물 되어보기

   1) 셜리가 해적 두목을 만나 싸울 때 무슨 말을 했을까요?

   2) 엄마, 아빠는 해변가에 앉아 무슨 이야기를 주고받았을까요?

이야기를 나눌 때 이런 점을 유의하세요.

 이 책은 상상의 나래를 펴고 보물섬을 찾아가는 셜리가 되어보게 하면 좋을 것 같습니다. 보물섬을 찾아가는 과정에서 만나게 되는 여러 가지 것들을 매 순간 셜리가 어떻게 생각하고, 어떻게 느꼈을지 마음껏 상상해보는 것이 좋겠지요. 셜리의 말을 아이들 자신의 말로 하게 하고, 그것을 기록하여 그림과 대조해보면 아이들의 상상력, 그림 읽기, 글쓰기 능력을 신장시킬 수 있습니다.

book_ 81

지음_ 이지현

출판사_ 이야기꽃

추천 연령_ 만 3~5세

주제_ 상상, 경험

수영장

이 책은 어떤 책인가요?

인간의 보편적 경험은 말을 하지 않아도 누구나 다 쉽게 이해하는 것일까요? 글이 없는 그림책인데도 이야기가 너무나 쉽게 이해되는 그림책입니다. 그렇지만 책을 읽는 사람이 백 사람이라면 백 사람 다 다른 것들을 보고 책장을 덮을 수 있는 그림책입니다. 우리나라 작가 이지현이 그린 《수영장》입니다.

수줍음이 많은 두 아이가 붐비는 수영장에서 만나면 무슨 일이 일어날까요? 수영장 바닥까지 다이빙해 들어가서 이 아이들이 무엇을 하는지 한 번 살펴보면 어떨까요. 정적(靜寂)의 순간과 놀람의 순간을 경험하게 될 것입니다. 그러기 위해서는 무한 상상이 필요합니다. 물속 깊은 곳으로 떠나는 상상 여행을 한번 해보세요.

작가가 일러스트레이션 학교를 졸업하면서 졸업 작품으로 만든 이 책의 매력을 미국 사람들이 먼저 알아본 것 같습니다. 2015년 미국일러스트레이터협회에서 수여하는 '최고의 그림책 상'을 받았다고 합니다. 아마존에 들어가 책을 찾아보았더니 댓글도 수두룩

합니다. '글 없는 그림책'을 별로 좋아하지 않는 아이들도 반응이 매우 좋았다고 말하는 사람이 많았습니다. 작가의 상상력과 예술적 능력이 돋보이는 책입니다.

이 책의 작가는요?

이지현 작가(1981~)는 서울에서 태어나고, 한국일러스트레이션학교를 졸업했습니다. 작가는 아주 조용하고 수줍음이 많은 사람이고, 강한 신념과 열정을 지닌 사람이라고 소개하고 있습니다. 작가는 밤하늘에 빛나는 작은 별, 시냇가를 구르는 조약돌, 가지 끝에서 춤추는 나뭇잎을 좋아한다고 합니다.

《수영장》은 작가의 첫 그림책인데 미국, 프랑스, 스페인, 이탈리아, 스웨덴 등에서 번역 출판되었으며, 미국일러스트레이터협회가 수여하는 '2015년 최고의 그림책 상'을 받았습니다. 작가의 다른 책으로는 《이상한 집》, 《문》, 《마지막 섬》 등이 있습니다.

이 책의 줄거리는요?

한 소년이 아무도 없는 푸른 수영장을 바라봅니다. 사람들이 온갖 탈것들을 가지고 좁은 수영장 안에 처박혀 있습니다. 심지어 어떤 사람은 노를 젓기까지 합니다. 아이는 수영복을 입고 수영장 한편에 서서 이런 모습들을 가만히 지켜보고 있습니다. 수영하기 위해 호흡을 가다듬고 있는 것인지, 아니면 이런 놀이를 하는 사람들이 참 안됐다는 생각을 하고 있는지 알 수 없습니다. 이 장면은 검은색, 흰색, 회색빛으로 표현하고 있습니다.

그 소년이 수영장 깊숙이 다이빙해 들어갑니다. 빨간 수영복을 입고 있는 여자아이를 만납니다. 둘은 물속에서 수영하기 시작합니다. 온갖 물고기와 물풀들이 있습니다. 하마인지, 고래인지, 상어인지 큰 물고기와도 만납니다. 둘은 자유롭게 유영을 하며 때로 눈빛을 맞추기도 합니다. 이 장면은 빨강, 파랑, 노랑 온갖 화려한 색깔로 표현합니다. 둘은 유영을 끝내고 물 위로 올라옵니다. 둘은 서로 얼굴을 바라봅니다. 둘의 얼굴이 붉어져 있습니다.

이 책을 읽고 이렇게 이야기를 나누어보세요.

1. 이야기 알기
   1) 수영장에서 수영한 경험이 있으면 말해봅시다.
   2) 물속 깊이 수영해 들어가면 어떤 일이 일어날까요? 생각나는 것을 다 말해보세요.

2. 그림 자세히 살피기
   1) 본문 7~8쪽, 아이는 무엇을 보고 있나요? 무슨 생각을 했을까요?
   2) 본문 17~32쪽, 아이는 물속 깊이 들어가서 무엇을 했나요?

3. 등장인물 되어보기
   1) 아이가 여자아이를 만나 물속에서 수영할 때 기분은 어땠을까요?
   2) 물 밖으로 나와 여자아이를 바라보았을 때 남자아이는 어떤 기분이었을까요?

이야기를 나눌 때 이런 점을 유의하세요.

'글이 없는 그림책'을 아이와 함께 읽는 것이 그리 쉬운 일은 아닙니다. 이런 책은 나름 매우 좋은 장점이 있습니다. 아이와 부모 간의 대화를 풍부하게 하고, 아이들에게 자신들의 이야기를 자신들의 말로 이야기하게 할 수 있습니다. 이런 책들을 읽을 때 몇 가지 전략들을 익혀두면 좋습니다.

첫째, 글 없는 그림책 읽기의 가장 큰 장점은 같은 그림을 보면서 각자 다르게 읽을 수 있다는 점입니다. 그것을 아이들에게 미리 알려주세요.

둘째, 표지와 제목을 보고 생각할 수 있는 시간을 가지기 바랍니다. 무슨 이야기가 나올 것인지 한두 가지를 예측해보는 것이 좋습니다.

셋째, 책 속 그림들을 살펴보고 그것들을 즐기게 합니다. 등장인물의 얼굴 표정은 어떤지, 배경은 어떤지, 각자 무엇을 보고 있는지 말해보게 합니다.

넷째, 책의 처음으로 돌아가서 이야기를 시작합니다. 처음에는 어른이 먼저 책 속 인물이 무슨 생각과 행동을 하는지 말을 해보는 것입니다.

다섯째, 아이들이 말하게 해봅니다. 아이들의 말로 이야기하는 것이 중요합니다. 필요한 부분에서 어른이 도와주면 됩니다. 문장을 구성하는 것이나 정보를 보태주는 식으로 도와주면 좋습니다.

여섯째, 몇 가지 질문으로 그림책 읽기를 마무리하면 됩니다. 어떤 그림을 보고 그런 이야기라고 생각했나요? 이야기 중에서 제일 좋아하는 부분은 무엇인가요? 등의 질문을 하면 됩니다.

book_ 82

글·그림_ 매리 홀 엣츠

옮김_ 박철주

출판사_ 시공주니어

추천 연령_ 만 3~5세

주제_ 동물 친구들과의 교감

숲 속에서

이 책은 어떤 책인가요?

가족들을 데리고 휴양림이나 산으로 놀러 간 적이 있나요? 가서 무엇을 하며 놀았나요? 아이들은 또 어떻게 놀던가요? 아이들은 숲속으로 놀러 가는 것만으로도 충분히 즐겁습니다. 대부분 아이들은 어른들이 가르쳐주지 않아도 아주 즐겁고 재미있게 놀지요. 이 책은 아이들의 이런 특성들을 소재로 아이들의 내면세계를 잘 그려내고 있습니다. 흑백의 그림과 간결한 글로 아이들의 감정과 심리, 자연의 빛깔과 소리들을 매우 풍성하게 담아내고 있는 책이지요.

이 책은 1944년에 출판되었습니다. 좋은 책은 이렇게 오랫동안 많은 사람들에게 감동을 주지요. 동물들과 친구가 되어 마음껏 놀고 싶은 아이의 내면세계가 섬세하고 부드럽게 표현된 책입니다. 숲속에서 아이는 종이 모자를 쓰고 나팔을 불며 행진을 합니다. 아이의 눈에는 사자, 코끼리, 캥거루, 곰, 토끼, 황새들이 보입니다. 그곳에서 동물들과 함께 신나게 놉니다. 아이는 숲이라는 환상세계를 마음껏 즐깁니다.

아이들은 현실의 세계와 환상의 세계를 자유롭게 넘나들 수 있는 아주 특별한 능력을 지니고 있습니다. 환상의 세계를 마음껏 넘나들 수 있기 때문에 아이들의 세계는 더 풍요롭습니다. 이것을 인정해주는 어른의 지혜도 필요합니다. 아이로서 어른으로서 어떻게 자연과 더불어 살아가야 할지를 가르쳐주는 책인 것 같습니다.

이 책의 작가는요?

이 책의 작가, 매리 홀 엣츠(Marie Hall Ets, 1895~1984)는 위스콘신주에서 태어났습니다. 3남 3녀 중 넷째로, 대가족이 자연 속에서 마음껏 뛰어놀며 늘 북적거리며 살았다고 합니다. 이런 경험이 작가의 작품 속에 잘 반영되어 있지요.

그녀는 어릴 때부터 그림을 너무 잘 그려 어른들과 함께 그림 공부를 할 정도였다고 합니다. 위스콘신에 있는 로렌스대학과 뉴욕예술학교에서 본격적으로 미술 공부를 했고, 나중에 콜롬비아대학에서 어린이 심리학까지 공부했다고 합니다.

그래서인지 작가는 아이들의 심리와 자연을 묘사하는 능력이 매우 탁월합니다. 그녀는 "흑백만큼 풍요로운 색은 없다"고 주장하면서 흑백으로, 혹은 매우 제한된 색을 사용해 아이들의 내면세계를 따뜻하고, 부드럽고, 안정감 있게 표현하는 작가로 정평이 나 있습니다. 작품들로는 《숲 속에서》와 함께 칼데콧 명예상을 받은 《나랑 같이 놀자》와 칼데콧 상을 받은 《크리스마스까지 아홉 밤》 등이 있습니다.

이 책의 줄거리는요?

아이는 나팔을 들고, 종이 모자를 쓰고 숲속을 산책합니다. 아주 커다란 사자를 만나 사자와 함께 걸어가지요. 그러다가 목욕을 하고 있는 아기 코끼리 두 마리, 나무 아래에 앉아 있는 커다란 곰 두 마리, 뛰기를 연습하고 있는 캥거루 가족, 늙은 회색 황새, 나무 꼭대기에서 놀고 있는 원숭이 두 마리, 커다란 풀 뒤에 앉아 있는 토끼 한 마리를 차례로 만납니다. 모두 줄을 맞춰 숲속을 걸어가지요. 음식을 먹을 수 있는 곳에 이르러 다 같이 땅콩, 잼, 아이스크림, 케이크를 먹습니다. 손수건 돌리기 놀이를 합니다. 남대문 놀이, 숨바꼭질 놀이도 했지요. 아이는 술래가 되어 "찾는다!" 하고 소리를 질렀습니다. 함께 놀던 동물 친구들은 보이지 않고, 아빠가 곁에 서 있습니다. 아빠는 "누구에게 말했니?"라고 물었습니다. 아이는 목말을 타고 아빠와 함께 집으로 돌아옵니다.

이 책을 읽고 이렇게 이야기를 나누어보세요.

1. 이야기 알기
   1) 주인공은 숲속에서 어떻게 놀았나요?
   2) 숨바꼭질 놀이에서 동물 친구들이 보이지 않자 아빠는 뭐라고 말했나요?
2. 그림 자세히 살피기
   1) 본문 3~6쪽, 사자 얼굴이 어떻게 생겼는지 느끼는 대로 말해줄래요?
   2) 본문 15~17쪽, 캥거루는 무엇을 하며 놀고 있었나요?

3. 등장인물 되어보기

   1) 주인공이 숲속에서 동물 친구들과 놀 때 기분이 어땠을까요?
   2) 주인공이 아빠 목마를 타고 집으로 돌아올 때의 기분은 어땠을까요?

이야기를 나눌 때 이런 점을 유의하세요.

'환상' 하면 무슨 생각이 드나요? 현실과는 아주 동떨어진 '공상'이나 '망상', 혹은 '현실 도피' 뭐 이런 생각이 드는 것은 아닌지요? 합리적으로 사고하는 힘을 아직 갖지 못한 어린아이들의 생각 정도로 생각하는 것은 아닌지요? 환상을 영어로 '판타지(fantasy)'라고 합니다. 그냥 소리 나는 대로 '판타지'라고 쓰는 분들이 많습니다. 보통 '판타지'라는 말은 주로 장르 구분을 할 때 사용하는 말입니다.

어린이 문학에서 판타지는 현실을 초월해 자유롭게 상상하며 인간의 내면 심리를 드러내는 것입니다. 그림책에는 현실 세계를 다룬 것들도 많지만 환상세계를 다룬 그림책들도 많습니다. 하늘을 날기도 하고, 구름 침대에서 잠을 자기도 하며, 이상한 나라에서 온 사람들과 동거하는 등 환상세계를 다룬 그림책들이 많습니다. 이 책도 바로 그런 류의 책입니다.

왜 이렇게 환상세계를 다룬 그림책들이 많을까요? 아이들은 꿈과 이상이 있고, 현실에서 원하는 것들이 많습니다. 그러나 아직 성장 과정 중에 있고, 불안정한 심리 상태에 있는 경우가 많습니다. 아이들은 자연 세계나 어른들 세계와 많은 갈등을 경험하기도 합니다. 아이들은 자연법칙을 벗어난 비현실적인 것을 받아들일 수 있는 열린 마음과 상상력을 지니고 있습니다. 이것이 환상성을 즐길 수 있는 요인이 되기도 합니다. 환상 그림책이 아이들에게 현실과 동떨어진 허상을 심어주지는 않을까 혹은 현실도피의 공간으로 작용하지는 않을까 걱정하는 부모님들도 많이 있지요? 걱정할 필요 없습니다.

환상 그림책은 현실을 도피하게 하는 것이 아니라 현실 세계에 잘 적응하기 위한 장치 역할을 합니다. 그림책에서 환상세계는 복잡한 인간 내면의 세계를 잘 드러낼 수 있는 공간이기 때문이지요. 환상 그림책을 읽으면서 불안정한 자기를 극복하고, 현실을 되돌아보는 기회를 갖게 됩니다. 환상세계를 경험하는 것은 환상과 실세계 간에 거리를 인식하게 하며 현실의 의미를 더욱 깨닫게 하는 기능을 합니다. 환상 그림책은 어린이에게 현실 세계를 구축하게 하는 매우 중요한 축이 됩니다.

이 책은 아이들이 환상세계를 마음껏 즐기도록 유인하는 작품입니다. 숲속이 동물 친구들과 노는 곳을 넘어서서 더 넓은 새로운 우주가 되어도 좋습니다. 그 속에 여러 생명체들이 살고 있다고 생각해도 좋습니다. 이 책을 확장하여 더 넓은 세계로 나아가도록 도와주십시오.

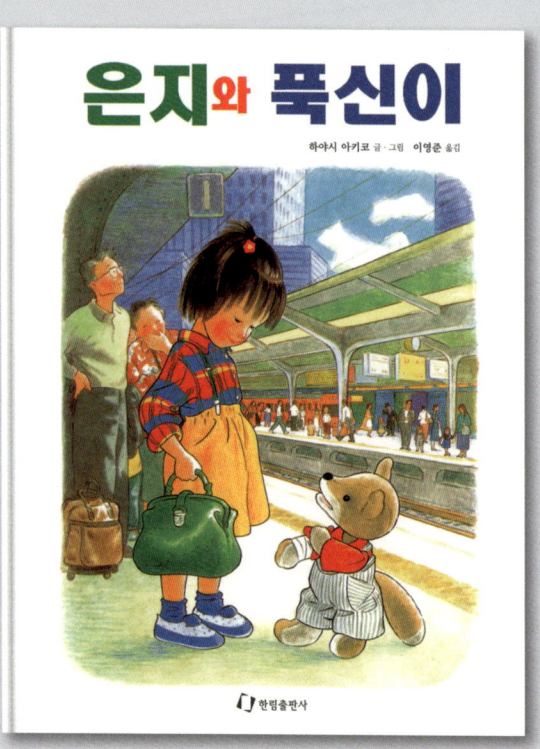

book_ 83

글·그림_ 하야시 아키코

옮김_ 이영준

출판사_ 한림출판사

추천 연령_ 만 3~5세

주제_ 애착, 낯선 경험

은지와 푹신이

이 책은 어떤 책인가요?

하야시 아키코의 그림책은 대부분 사진 같은 매우 사실적인 그림들로 아이들의 일상을 따뜻하게 그려내는 특성이 있습니다. 이런 책들을 '생활 동화'라고 합니다. 이 책도 그런 류의 책입니다. 생활 동화이면서 판타지적 성격이 강한 책이지요. 장르를 구분 짓기가 참 어려운 책입니다. 환상적 그림책도 리얼한 배경을 가지고 있고, 개연성이 있어야 설득력을 지닌다는 차원에서 생각하면 이 책은 아주 훌륭한 환상 그림책으로 보아야 할 것 같습니다.

할머니 집을 찾아가는 은지와 여우 인형 푹신이의 이야기입니다. 아기를 돌봐주라는 할머니의 부탁을 받고 모래 언덕 마을에서 온 푹신이. 은지와 푹신이는 세상 둘도 없는 친구가 되었지요. 그러나 오랜 시간이 흐르고 푹신이는 낡아서 팔이 터지고 맙니다. 그래서 둘은 모래 언덕 마을에 사는 할머니에게 팔을 꿰매달라고 하기 위해 집을 떠납니다. 기차를 타지요. 이 과정에서 생긴 환상적 이야기들을 매우 재미있게 전하고 있습니다.

이 책의 표지 뒤쪽에 서 있는 할아버지와 할머니는 작가의 아버지와 어머니가 모델이었다고 합니다. 이야기 중간에 나오는 모래 언덕은 작가의 부모님들이 사시던 '돗토리현'에 있다고 합니다. 작가는 '보지 않았던 것은 그릴 수 없다'라고 생각하는 사람이기에 이 책을 그릴 때 이런 장면들을 수없이 관찰하고, 사진을 찍어 그림을 그려냈다고 합니다. 실제로 푹신이를 그리기 위해 모피 옷으로 인형을 만들고, 팔이 찢어지게 한 다음, 그것을 보면서 그림을 그렸다고 하지요. 이처럼 작가 정신이 돋보이는 만큼 아이들은 이 책을 보는 순간 책으로 빠져들지 않을 수 없을 것입니다.

이 책의 작가는요?

이 책의 작가, 하야시 아키코는 일본 도쿄에서 태어났습니다. 요코하마국립대학 교육학부 미술과를 졸업했습니다. 우리나라뿐 아니라 전 세계에서 꽤 인지도가 높은 작가입니다. 그녀는 어려서부터 그림 보는 것을 매우 좋아했고, 그것을 안 아버지가 그 당시 유명한 한 서양화가의 스튜디오에 다니며 드로잉을 배우게 했다고 합니다.

작가의 작품은 대부분 아이들의 삶에서 흔히 일어나는 평범하고 소박하고 따뜻한 이야기들입니다. 그 소박한 이야기들을 아이들의 시선에서 사실적으로 묘사하고 있습니다. 대부분 책이 우리나라에 번역 출간되었습니다. 《달님 안녕》, 《목욕은 즐거워》, 《싹싹싹》, 《구두구두 걸어라》, 《순이와 어린 동생》, 《숲 속의 요술 물감》, 《오늘은 무슨 날?》, 《나도 캠핑 갈 수 있어!》, 《윙윙 실팽이가 돌아가면》 등이 있습니다. 《오늘은 무슨 날?》로 제2회 그림책 일본상을, 《목욕은 즐거워》로 산케이 아동출판문화상 미술상을, 《은지와 푹신이》로 제21회 고단샤 출판문화상을 받았습니다.

이 책의 줄거리는요?

아기를 돌봐주라는 할머니의 부탁을 받고 모래 언덕 마을에서 온 인형 푹신이. 드디어 은지가 태어나고 둘은 세상 둘도 없는 친구가 됩니다. 둘이 항상 함께 놀면서 은지는 점점 자랐지요. 푹신이는 점점 낡게 되었습니다. 어느 날 푹신이의 팔이 너무 낡아 결국 터지게 되었습니다. 푹신이는 아무렇지도 않은 듯 모래 언덕 할머니에게 가서 고쳐달라고 해야겠다고 말합니다. 은지는 "나도 같이 갈래." 하며 따라나섭니다. 둘이 함께 기차를 탑니다. 겨우 자리를 찾아 앉습니다.

은지는 배가 고프면 어떻게 하느냐고 푹신이에게 묻습니다. 푹신이는 다음 역에서 도시락을 사러 갑니다. 기차는 5분간만 정차를 합니다. 그런데 푹신이가 돌아오지 않습니다. 기차는 드디어 출발하고 은지가 울기 시작합니다. 기차표를 검사하러 온 차장 아저씨에게 은지는 푹신이 이야기를 꺼냅니다. 차장 아저씨는 입구에서 푹신이를 보았다고 합니다. 얼른 달려가 보니 푹신이가 도시락을 들고 서 있었지요. 푹신이의 꼬리가 문에 끼어버렸습니다. 그 자리에서 둘은 함께 도시락을 먹습니다. 다음 역에서 차장 아저씨가 와서 푹신이의 상처 난 꼬리를 붕대로 감싸줍니다.

기차역에서 내린 둘은 모래 언덕을 보러 갑니다. 그런데 갑자기

개 한 마리가 나타나 푹신이를 물고 달아나지요. 은지는 푹신이를 찾아 헤매다 모래에 묻힌 푹신이를 발견합니다. 둘은 얼른 할머니 집으로 갑니다. 할머니가 푹신이를 다 꿰매 고쳐줍니다. 납작해진 꼬리를 원래대로 돌리기 위해 목욕을 시킵니다. 이제 푹신이는 원래 모습대로 돌아왔습니다. 둘은 무사히 집으로 돌아옵니다.

이 책을 읽고 이렇게 이야기를 나누어보세요.

1. 이야기 알기

    1) 푹신이는 어떻게 해서 은지와 둘도 없는 짝이 되었나요?

    2) 푹신이는 왜 매번 힘든 일이 생길 때마다 은지에게 "괜찮아!"라고 말했을까요?

2. 그림 자세히 살피기

    1) 본문 20~21쪽, 은지와 푹신이는 기차에서 내려 무엇을 하고 있나요? 왜 그랬을까요?

    2) 본문 32~33쪽, 은지가 푹신이를 업고 모래 언덕을 내려올 때 모래 언덕은 어땠나요?

3. 등장인물 되어보기

    1) 푹신이의 꼬리가 문에 끼인 것을 보고 은지는 어떤 마음이었을까요?

    2) 할머니가 푹신이를 원래대로 다 고쳐주었을 때 은지와 푹신이는 어떤 마음이었을까요?

이야기를 나눌 때 이런 점을 유의하세요.

이 책은 현실의 작은 실마리가 현실과 판타지의 세계를 잘 연결 지어주고 있습니다. 사실적인 이야기이지만 아이들을 무한 상상의 세계로 빠져들게 하지요. 생활 속의 작은 단면을 그려놓았는데 아이들은 환상 속으로 모험 여행을 떠나게 됩니다. 할머니가 만들어 준 인형이 단순 의인화된 인물이라기보다 친근성과 생명성과 환상성을 가진 매우 개성적인 인물로 표현되고 있습니다. 둘은 친구가 되어 모험의 여행을 떠납니다. 여기에 독자까지 함께 여행을 떠날 수 있도록 도와주세요. 푹신이가 기차 문에 꼬리가 끼었을 때, 개에게 끌려가 모래 속에 묻혀버렸을 때도 "괜찮아!"라고 말하는 푹신이의 마음을 상상하며 독자도 함께 여행할 수 있게 도와주세요.

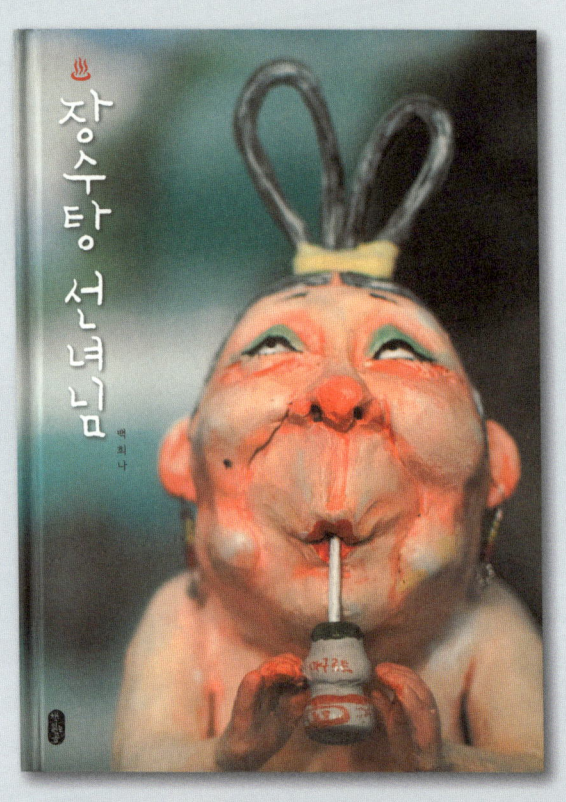

book_ 84

글·그림_ 백희나

출판사_ 책읽는곰

추천 연령_ 만 3~5세

주제_ 환상세계, 성장

장수탕 선녀님

이 책은 어떤 책인가요?

그림책은 아이만을 위한 책이라고 생각하지 마십시오. 그림책은 책을 읽어주는 어른도 재미있어야 하고, 아이도 재미있어야 합니다. 이 책이 바로 그런 책입니다. 이 책은 어른들에게는 추억을 불러일으키고, 아이들에게는 환상세계를 즐길 수 있게 해주는 책입니다. 요구르트를 빨고 있는 이 할머니가 장수탕 선녀님입니다. 이 선녀님은 우리가 생각하는 예쁘거나 화려한 선녀님은 아닙니다. 그러나 아주 재미있고, 친근한 선녀님입니다. 이 선녀님의 머리핀도 좀 보시고, 귀걸이도 좀 보세요. '요구룽'을 빠는 입도 좀 보세요. 수영하는 모습도 보세요. 마치 3D 영화를 보고 있는 것 같습니다. 너무도 사실적이지 않습니까? 환상적 그림책이라고 해서 그림들이 모두 초현실적일 필요가 없습니다. 현실에 바탕을 둔 사실성이 있을 때 책은 더 설득력을 지니게 됩니다.

이 책은 현실의 틀 속에 환상의 세계를 집어넣은 아주 멋진 작품입니다. 상상력이 기발한 작가의 능력이 돋보이는 책입니다. 목욕탕을 한 번이라도 가본 경험이 있는 아이가 이 글을 읽는다면 다시 목욕탕을 가보고 싶을 것입니다. 아직 목욕탕을 가보지 못한 아이라면 정말 목욕탕을 한번 가보고 싶을 겁니다.

아이들은 아직 성장 중에 있기 때문에 현실에서 여러 가지 제한, 결핍, 욕구를 느끼면서 살 수밖에 없습니다. 예를 들면, 아이들은 목욕탕에서 마음껏 자유롭게 놀고 싶은데 부모들은 자꾸 이런저런 이유를 들어 간섭합니다. 이런 경우 아이들은 내적 갈등을 경험할 수밖에 없습니다. 환상세계 속에서의 경험은 이런 갈등들을 해소시키는 데 단연 최고입니다. 이런 사실이 아이들이 환상적 그림책을 좋아하는 이유이기도 합니다.

이 책의 작가는요?

이 책의 작가, 백희나는 서울에서 태어나 이화여자대학교에서 교육공학을, 캘리포니아 예술학교에서 애니메이션을 공부했다고 합니다. 작가의 그림책에 나오는 캐릭터들은 작가가 모형을 만들어 사진을 찍거나 색깔을 덧입혀 만든다고 합니다. 여느 그림책에서는 볼 수 없는 아주 독특한 캐릭터들이 나오지요. 캐릭터가 시각적으로 독특한 것도 장점이지만 워낙 매력적인 이야기에 기초한 캐릭터들이기 때문에 아이들이 무척 좋아할 수밖에 없는 독특한 캐릭터들이지요.

지금까지 출간한 책들이 십 수 편인데 나오는 책마다 아이들의 폭발적인 인기를 얻고 있습니다. 《구름빵》, 《달 샤베트》, 《이상한 엄마》, 《팥죽 할멈과 호랑이》, 《비 오는 날은 정말 좋아!》, 《북풍을 찾아간 소년〉,《분홍줄》,《어제저녁》,《삐약이 엄마》,《꿈에서 맛본 똥파리》 등 해마다 꾸준히 출간하고 있습니다.

수상 경력도 화려합니다. 몇 가지만 소개하면, 2005년 《구름빵》으로 볼로냐 국제아동도서전에서 올해의 일러스트레이터로 선정되었고, 2013년 《장수탕 선녀님》으로 제53회 한국출판문화상과 제3회 창원아동문학상을 동시에 수상했습니다. 《알사탕》으로 제11회 일본그림책서점대상과 제24회 '일본그림책대상' 번역상과 독자상을 동시에 수상했습니다. 무엇보다 중요한 것은 2019년 아스트리드 린드그렌 상을 수상한 것입니다. 이 상은 전 세계에서 매년 1~2인의 그림책 작가에게 주는 상인데 작품 한 편이 아니라 작가의 업적 전체와 예술성을 종합적으로 평가해서 주는 상입니다.

작가는 매 작품마다 현실에 바탕을 둔 뚜렷한 주제 의식을 담아내고 있습니다. 작품마다 상징적인 환상물을 창조해 현실적 문제의 해결 고리로 삼고 있지요. 또한 판타지 표현에 있어 입체 인형을 등장시키고 사진과 애니메이션 기법을 활용해서 시각적 표현을 다양화하고 있는 전도유망한 작가입니다.

이 책의 줄거리는요?

덕지와 엄마는 동네에서 아주 오래된 목욕탕을 갑니다. 엄마는 불가마도 있고, 얼음방도 있고, 게임방도 있는 새로 생긴 목욕탕에는 가지 않고 낡고 오래된 장수탕 목욕탕에만 갑니다. 어쨌거나 덕지와 덕지 엄마는 옷을 벗어 낡은 사물함에다 넣고, 목욕탕에 들어가 때를 밉니다. 때를 잘 밀면 엄마가 요구르트를 사주신답니다.

그곳에서 엄마가 말려도 냉탕으로 가서 개헤엄도 치고, 수영도 하고, 꼴각꼴각 물을 마시기도 합니다. 그런데 이상한 일이 벌어집니다. 웬 이상하게 생긴 할머니가 있습니다. 날개옷을 찾지 못해 그곳에 살고 계신다고 합니다.

환상의 세계가 시작됩니다. 덕지와 할머니의 놀이가 시작됩니다. 폭포수 아래서 견디기, 바가지 타고 물장구치기, 탕 속에서 숨참기, 할머니 등을 타고 수영하기 등을 하며 신나게 놉니다. 둘만의 우정이 생겼지요. 엄마가 사준 요구르트는 할머니에게 드렸습니다. 더 이상 장수탕 목욕탕에 가는 것이 싫지가 않습니다.

오후가 되자 덕지는 머리가 아팠습니다. 싯누른 콧물이 흘렀습니다. 밤중에 할머니가 나타나 낮에 준 '요구롱'이 고맙다고 말하면서 덕지의 머리를 만져주었습니다. 다음 날 아침, 덕지는 거짓말처럼 감기가 나았습니다.

이 책을 읽고 이렇게 이야기를 나누어보세요.

1. 이야기 알기
   1) 덕지는 장수탕 목욕탕에서 누구랑 무엇을 하며 놀았을까요?
   2) 덕지는 장수탕 목욕탕에 가는 것을 왜 좋아하게 되었을까요?

2. 그림 자세히 살피기
   1) 본문 27~28쪽, 덕지는 매일 목욕을 했을까요?
   2) 본문 31쪽, 덕지는 밤에 열이 얼마나 많이 났을까요? 어떻

게 알 수 있나요?

3. 등장인물 되어보기

   1) 목욕탕으로 가는 길에 덕지는 무슨 생각을 했을까요?

   2) 목욕을 끝내고 나오면서 덕지는 무슨 생각을 했을까요?

이야기를 나눌 때 이런 점을 유의하세요.

이 한 권의 그림책 속에 환상의 세계와 현실의 세계가 공존합니다. 이 책 속 환상의 세계는 현실 세계에서 결핍되었거나 소망하는 것들의 실체를 드러내고, 그 결핍과 소망하는 것들을 해결해주는 기능을 하지요. 목욕탕 속에서 선녀님과의 놀이는 허구적 세계를 드러내는 것이 아니라 덕지의 소망을 드러내는 결정체입니다.

덕지와 선녀의 놀이는 현실과 동떨어진 허상을 심어주지는 않을까 혹은 현실도피의 공간으로 작용하지는 않을까 걱정할 필요 없습니다. 그것은 현실을 도피하게 하는 것이 아니라 현실 세계에 잘 적응하기 위한 장치 역할을 합니다. 환상세계를 경험하는 것은 환상과 실세계 간에 거리를 인식하게 하며, 현실의 의미를 더욱 깨닫게 하는 기능을 합니다. 아이들이 이 책을 읽으면서 자유롭게 상상하고 반응하도록 하는 것이 중요합니다.

book_ 85

글·그림_ 앤 조나스

옮김_ 나희덕

출판사_ 비룡소

추천 연령_ 만 3~5세

주제_ 추억

조각이불

이 책은 어떤 책인가요?

아주 오랫동안 삶을 함께한 친구들이 있지요? 간혹 그런 친구들과 지나간 일들을 이야기하나요? 그럴 때 어떻게 하시나요? 눈물 콧물 흘려가며 깔깔거리며 웃기도 하고, 함께 화를 내기도 하고, 좋은 시절이었다고 추억에 잠기기도 하지 않나요? 함께했던 지나간 기억들을 조각조각 끄집어내어 이야기하다 보면 우리의 삶 전체가 이어지기도 합니다.

이 책은 이렇게 기억의 조각들로 만들어진 이불 이야기입니다. 엄마, 아빠가 어렸을 적 쓰던 물건들을 끄집어내어 한 조각, 한 조각 이어서 만들어주신 것입니다. 주인공은 새 이불을 받아들고, 옛 기억들을 소환해냅니다. 글쎄 아기 때의 기억을 다 소환해낼 수 있었는지는 모르겠습니다. 아니면 그때의 모습을 상상했을지도 모르겠습니다.

이불 한 조각, 조각은 기억의 조각들이고, 그 기억들은 합쳐져서 아이 삶의 전체가 되겠지요. 엄마, 아빠가 이불을 만들어주듯 아이에게 좋은 기억들을 심어주고, 그것들을 이어서 행복한 삶을 만들어주었으면 좋겠습니다.

이 책의 작가는요?

이 책의 작가, 앤 조나스(Ann Jonas, 1932~2013)는 미국 뉴욕에서 태어나고, 쿠퍼 유니온 대학교를 다녔습니다. 학교를 졸업하고 그래픽 디자이너로 일하다가 아주 늦게 그림책 작가가 되었습니다. 그래픽 디자이너의 경력을 살려 착시 현상을 이용한 작품으로 신비한 상상의 세계로 빠져들게 하는 작가라는 평을 받았습니다. 남편 도날드 쿠루스(Donald Crews)와 함께 작업을 많이 했습니다. 작가의 다른 작품으로는 《바로 또 거꾸로》, 《아슬아슬한 여행》, 《풍덩 풍덩! 몇 마리가 있나요?》, 《책 속의 꿈을 찾아 떠나요》가 있으며, 1983년 〈뉴욕타임스〉가 '최고의 어린이 도서'로 선정한 《기묘한 왕복 여행》이 있습니다.

이 책의 줄거리는요?

'조각이불(The Quilt)'은 기억 조각들로 만들어진 이불입니다. 엄마, 아빠가 특별히 나를 위해 만들어주신 이불이지요. 아기 때 입었던 잠옷 한 조각, 좋아하던 바지 한 조각, 생일날 입었던 셔츠 한 조각, 심지어 지금 가지고 놀고 있는 강아지 인형을 만들 때 엄마가 사용했던 천 한 조각까지 모두 추억이 될 수 있는 조각들로 이불을 만들어주셨습니다.

새 이불을 바라보고 있자니 잠이 잘 오지 않습니다. 그러다가 슬며시 잠이 듭니다. 매우 환상적인 꿈나라로 여행을 하게 되지요. 기억의 조각조각마다 별빛이 쏟아지고, 그림이 그려집니다. 그 그림들은 삶의 바탕이 됩니다.

이 책을 읽고 이렇게 이야기를 나누어보세요.

1. 이야기 알기
    1) 아이는 엄마, 아빠가 만들어준 새 이불을 보면서 무슨 생각을 했을까요?
    2) 아이는 새 이불을 덮고 자면서 무슨 꿈을 꾸었나요?
2. 그림 자세히 살피기
    1) 본문 9~14쪽까지 그림을 보면서 이불이 꿈속에서 점점 무엇으로 바뀌어가는지 이야기해봅시다.
3. 등장인물 되어보기
    1) 아이는 엄마, 아빠가 만들어준 새 조각 이불을 받아들고 어떤 기분이었을까요?
    2) 꿈을 깨고 난 아이의 기분은 어땠을까요?

이야기를 나눌 때 이런 점을 유의하세요.

아이들은 이야기를 좋아하고 이야기를 통해서 세상과 소통합니다. 아이들은 본능적으로 재미있는 이야기를 알지요. 아이들이 재미있어 하는 이야기는 여러 가지입니다. 마법이나 수수께끼 같은 이야기, 상상을 마음껏 펼칠 수 있는 이야기, 어른들의 경험 이야기, 아이들의 일상적인 이야기, 교육적인 이야기 혹은 교육적이 아닌 이야기 등 여러 가지입니다. 이 책은 이 모든 것에 다 해당하는 것 같습니다. 특히 그림이 매우 아름다운 책입니다. 평면의 그림이지만 입체적이고, 움직이는 듯한 느낌의 그림, 하나의 배경이 자연스럽게 바뀌면서 마치 다른 세상에 온 듯한 착시 현상까지 일으키지요. '조각이불'로 덮인 침대는 같은 공간에 있는 물건이지만 마치 우주에 떠 있는 우주선 같은 느낌이 듭니다. 이런 현상을 통해 아이들은 마음껏 상상을 펼칠 수 있을 것입니다.

이 책은 양질의 그림으로 시각적 미학을 발달시키기에 참 좋은 책인 것 같습니다. 거기에 아이의 일상적 경험이 반영된 이야기가 보태어져서 아이들이 정말 좋아할 수밖에 없는 책이 되어버렸습니다. 같은 공간이지만 배경이 어떻게 변해가는지에 따라 아이들이 이야기를 만들어갈 수 있을 것입니다. 바뀌는 장면마다 아이 스스로 이야기하게 하면 좋겠습니다. 그림의 아름다움을 마음껏 즐기게 하면 좋겠습니다.

8부

멋있고 당당하게
살아요

book_ 86

글_ 유진 자이언

그림_ 마거릿 블로이 그레이엄

옮김_ 임정재

출판사_ 사파리

추천 연령_ 만 3~5세

주제_ 기본 생활 습관

개구쟁이 해리: 목욕은 정말 싫어요

이 책은 어떤 책인가요?

유치원 교육과정 중에 '기본생활습관 형성하기'가 큰 비중을 차지하고 있는 것 아시죠? 어른들에게는 아무런 문제가 되지 않는 아주 기본적인 생활 습관들이 아이들에게는 힘든 것일 수 있습니다. 밥 먹기, 세수하기, 양치질 하기, 목욕하기, 옷 입기 등이 아직 잘 되지 않아 부모나 아이가 모두 힘들어하는 경우도 많습니다. 기본 생활 습관이 잘 형성되지 않았다면 막 소리 내어 야단치실 건가요? 아이를 양육하는 것이 그리 쉬운 일은 아닙니다. 이럴 때, 아이에게 이런 책 한 번 읽어주면 어떨까요? 유진 자이언(Eugene Zion)과 마거릿 블로이 그레이엄(Margaret Bloy Graham) 부부가 만든 그림책, 《개구쟁이 해리: 목욕은 정말 싫어요》입니다. 원제목은 'Harry the Dirty Dog'입니다.

1956년 책이 출간된 이래 수십 년 동안 아이들이 사랑해온 책, 앞으로도 수십 년간 더 사랑할 책이 될 것 같습니다. 목욕을 좋아하는 아이도 있지만 지독하게 목욕하기를 싫어하는 아이도 있지요? 목욕을 싫어하는 아이는 아마도 이런 책을 보면 가슴 한구석이 '쿵' 하고 소리를 내겠지요? 아이들의 건전한 생활 습관 형성에 도움이 되는 책입니다. 아주 단순한 구성이지만 유머가 넘치는 책입니다.

이 책의 작가는요?

이 책의 글 작가, 유진 자이언(1913~1975)은 미국 뉴욕에서 태어나 뉴저지주의 시골에서 자랐습니다. 프라도 예술학교에서 디자인을 공부했습니다. 1948년 이 책의 그림 작가인 마거릿 블로이 그레이엄과 결혼해 함께 글을 쓰고 그림을 그렸습니다. 그들이 함께 작업한 《개구쟁이 해리: 목욕은 정말 싫어요》가 아이들로부터 열렬한 사랑을 받자 '개구쟁이 해리' 시리즈를 만들어냅니다. 두 차례에 걸쳐 칼데콧 명예상을 받았습니다.

이 책의 그림 작가 마거릿 블로이 그레이엄(1920~2015)은 캐나다 토론토에서 태어났습니다. 한 살 때 온타리오로 이사 가서 열 살까지 그곳에서 살았습니다. 그곳에 있는 동안 온타리오 아트갤러리 토요 아침반에 가서 그림 공부를 했다고 합니다. 이후 작가는 토론토대학에서 예술사를 공부하고, 뉴욕에서 일러스트레이터로 활동하다가 그림책을 그리기 시작했다고 합니다. 남편인 유진 자이언과 함께 작업한 《개구쟁이 해리: 목욕은 정말 싫어요》로 유명 그림책 작가가 되었습니다.

이 책의 줄거리는요?

해리는 검은 점이 있는 하얀 강아지입니다. 이 녀석은 뭐든 다 좋아합니다. 목욕하는 것만 제외하고 말입니다. 어느 날 해리는 목욕하기 전에 목욕 솔을 입에 물고 냅다 도망을 칩니다. 해리는 하루 온종일 뛰어다니며 놀았습니다. 먼지투성이인 공사판, 그을음 천지인 기차역, 석탄 실은 트럭에서 마음껏 뒹굴고 놉니다.

아! 얼마나 재미있었을까요? 마침내 '검은 점박이 하얀 개' 해리는 '흰 점박이 검은 개'가 되어버렸어요. 노는 것도 지쳤고, 배도 고프고, 이제 집으로 가고 싶었습니다. 슬금슬금 집에 와보니 아무도 해리를 알아보는 사람이 없었습니다. 해리는 자기가 부릴 줄 아는 재주를 다 부려보아도 가족들은 그를 알아보지 못합니다.

큰일 났습니다. 가족들이 그를 사랑할 뿐만 아니라 해리도 가족들을 사랑합니다. 그런데 서로를 알아볼 수조차 없으니 어떻게 하면 좋을까요? 해리는 어떻게 해서라도 자신이 해리임을 증명해야 했습니다. 그 방법은 해리가 목욕을 해서 다시 '검은 점박이 하얀 개', 해리가 되는 수밖에 없습니다. 드디어 숨겨두었던 목욕 솔을 가지고 욕조 속으로 뛰어듭니다.

이 책을 읽고 이렇게 이야기를 나누어보세요.

1. 이야기 알기
    1) 해리는 왜 밖에서 계속 놀지 않고 집으로 돌아가고 싶었을까요?
    2) 해리는 평소에 하던 재주까지 다 부렸는데 가족들은 왜 그

를 알아보지 못했을까요?

2. 그림 자세히 살피기

   1) 해리는 밖에서 어떻게 놀았기에 검정 강아지가 되었을까요?

3. 등장인물 되어보기

   1) 가족들이 자기를 알아보지 못했을 때 해리는 어떤 기분이었을까요?

   2) 목욕을 마치고 가족들이 자기를 알아보았을 때 해리의 기분은 어땠을까요?

이야기를 나눌 때 이런 점을 유의하세요.

문학에 장르라는 이름을 붙이듯이 그림책도 유형별 구분이 가능합니다. 예를 들면, 놀이 그림책, 옛이야기 그림책, 정보 그림책, 운문 그림책, 생활 동화 그림책, 환상 그림책, 철학적 그림책 등입니다. 이런 구분들의 선이 분명하지는 않습니다. 두 개 이상의 유형이 중복되기도 합니다. 다만 '철학적 그림책'이란 용어는 최근에 와서 그림책 연구 분야에서 많이 다루어지고 있는데, 특별히 삶을 성찰하는 메시지가 강한 그림책들을 일컫는 말입니다. 즉 삶의 여러 가지 현상들에 대해 독자가 미처 깨닫지 못했던 것들에 대해 '왜?'라는 질문을 던지고 생각해볼 수 있게 만드는 책이란 뜻입니다. 이 책이 바로 그런 부류에 속하는 책입니다. 재미있는 생활 동화이지만 철학적 질문을 던지고 인간 삶의 본질적 문제에 대해 깊이 생각해보게 할 수 있는 책이지요. 예를 들면, '외양과 실체'의 문제나 '가정의 본질'에 대해 생각해보기 좋은 내용을 지닌 책입니다.

'해리가 다른 사람들이 알아볼 수 없을 정도로 외양이 바뀌어도 여전히 해리인가?'라는 질문은 '외양과 실체'의 문제를, '해리는 왜 밖에서 계속 놀지 않고 꼭 집으로 돌아가야만 했는가?'라는 질문은 '가정의 본질'에 대해 생각해보기 좋은 문제들입니다. 이런 것들은 이야기의 줄거리만 알게 하는 것이 아니라, 이야기의 본래 목적인 '삶의 성찰'을 가능하게 합니다. 이 기회에 한 번쯤 질문을 던지고 아이와 깊은 대화를 나누어보세요.

book_ 87

글·그림_ 로렌 차일드

옮김_ 조은수

출판사_ 국민서관

추천 연령_ 만 3~5세

주제_ 형제애, 편식 안 하기

난 토마토 절대 안 먹어

이 책은 어떤 책인가요?

요즘 아이들은 무엇을 좋아하고, 무엇을 싫어하는지 한 번 자세히 살펴보세요. 아이들의 특성은 여러 가지입니다. 그중에서도 편식하는 아이들이 많지요. 우리도 어렸을 적 편식했나요? 당연하지요. 저도 파, 가지, 호박, 조개 등을 싫어했습니다. 싫어하는 것들이 나오면 아버지 몰래 엄마 국그릇에 살짝 넣고, 아버지는 모르는 척 눈감아주시던 일이 생각나네요.

이 책의 작가 로렌 차일드(Lauren Child)는 아이들의 생활을 면밀히 관찰하고, 자신의 어렸을 적 일들을 생각해내 책의 소재로 삼는다고 합니다. 이것은 아이들을 사랑하기 때문에 가능한 것 같습니다. 그림은 그렇게 정교해 보이지 않습니다. 아이들이 쓱쓱 그려놓은 것 같습니다. 이 책에 나오는 여러 가지 음식들은 사진을 찍은 것입니다. 아이들이 그림책을 만들어놓은 듯한 느낌이 듭니다.

이 책의 주인공 롤라와 찰리는 남매입니다. 이 이름이 비교적 흔한 이름이라는 것 아시지요? 롤라는 안 먹는 음식도 많습니다. 당근, 콩, 감자, 버섯, 스파게티, 달걀, 소시지, 양배추, 바나나, 오렌지를 안 먹는데요. 오빠가 궁리를 합니다. 음식들의 이름을 모두 재미있는 이름으로 바꾸어놓습니다. 롤라는 결국 절대로 안 먹겠다던 토마토도 먹게 되었습니다.

이 책이 왜 아이들에게 인기가 있을까요? 작가가 아이들의 삶 속에서 소재를 끌어냈기 때문이 아닐까요? 아이의 삶과 아무런 상관이 없는 이야기를 해보세요. 재미가 있을까요? 이 책의 저자가 바로 그런 말을 했다지요. "내 인생은 하나의 이야기야(My life is a story)"라고요.

이 책의 작가는요?

이 책의 작가, 로렌 차일드(1965~)는 영국 런던에서 태어났습니다. 세 딸 중 둘째 딸로 태어났고, 미술 교사인 아버지의 영향을 많이 받았다고 합니다. 작가는 '롤라와 찰리' 시리즈로 유명합니다. 이 시리즈들은 대부분 아이들의 일상에서 소재를 찾아 기발한 상상력을 보탠 이야기들입니다. TV 연속물로도 방영되었습니다. 이 이야기들은 아이들에게서 흔히 볼 수 있는 장면들이고, 거기에 웃음이 피어나게 만드는 작가의 특출한 유머감각이 보태어진 것들이지요. 특별히 찰리는 작가의 남자 친구가 모델이 되었다고 합니다. 이 작가의 작품에 나오는 인물들은 대부분 밝고 명랑하고 개성적입니다.

그림책의 구성 방법은 종이, 사진 등 콜라주 기법을 주로 사용하며, 화려한 색감을 과감하게 썼습니다. 글과 그림의 역동적 관계를 누구보다 치밀하게 활용하는 작가입니다. 작가는 작품의 소재를 어린 시절의 기억과 생각에서 찾는다고 합니다. 다른 작품으로는 《난 학교 가기 싫어》,《난 하나도 안 졸려, 잠자기 싫어!》,《요런 고얀 놈의 생쥐》,《나도 내 방이 있으면 좋겠어》,《정글 탐험 떠나 볼래?》,《진짜 안경 쓰고 싶단 말이야》 등이 있습니다.《난 토마토 절대 안 먹어》로 케이트 그린어웨이 상을 받았습니다.

이 책의 줄거리는요?

이 책의 주인공 롤라와 찰리는 남매입니다. 롤라가 동생입니다. 그런데 여동생이 참 까다롭습니다. 안 먹는 음식이 너무 많습니다. 당근, 콩, 감자, 버섯, 스파게티, 달걀, 소시지를 안 먹을 뿐만 아니라 싫어하는 음식도 많네요. 꽃양배추, 양배추, 콩 요리, 바나나, 오렌지, 사과, 밥, 치즈, 생선 튀김 등 정말 까다롭기 짝이 없네요. 토마토는 절대로 안 먹는다고 합니다.

하루는 엄마가 오빠 찰리에게 동생의 밥을 차려주라고 부탁합니다. 오빠가 궁리를 합니다. 오빠는 음식들의 이름을 모두 재미있는 이름으로 바꾸어놓지요. 당근은 오렌지뽕가지뽕, 콩은 초록방울, 으깬 감자는 구름보푸라기, 생선 튀김은 바다얌냠이로 바꾸어놓습니다. 동생은 하나씩 먹습니다. 마침내 롤라는 식탁 저쪽에 있는 토마토를 달라고 합니다. 그러니까 오빠가 되묻습니다. "너, 진심이야? 진짜로? 이걸 달라고?" 동생은 다시 말했습니다. "물론이지. 달치익쏴아는 내가 제일 좋아하는 건데." 롤라는 절대로 안 먹겠다던 토마토를 결국 먹고야 맙니다.

이 책을 읽고 이렇게 이야기를 나누어보세요.

1. 이야기 알기

    1) 오빠 찰리는 왜 음식들의 이름을 전부 이상한 이름으로 바꾸어놓았을까요?

    2) 동생 롤라가 싫어했던 음식들은 정말 맛이 없었을까요?

2. 그림 자세히 살피기

    1) 본문 1쪽, 동생 롤라와 오빠 찰리는 서로에 대해 어떻게 생각했을까요?

    2) 본문 10쪽, 글자들이 왜 똑바르게 쓰여지지 않고 춤을 추듯 쓰였을까요?

3. 등장인물 되어보기

    1) 오빠는 엄마가 동생에게 밥을 좀 차려주라고 했을 때 어떤 생각이 들었을까요?

    2) 오빠가 음식 이름을 이상한 이름으로 바꾸었을 때 무슨 생각을 했을까요?

이야기를 나눌 때 이런 점을 유의하세요.

이 책의 그림은 그렇게 정교해 보이지 않습니다. 아이들이 썩썩 아무렇게나 그려놓은 것 같습니다. 다시 말하면, 아이들이 그림책을 만들어놓은 것 같은 느낌이 듭니다. 작가가 왜 그렇게 했을까요? 아이들의 입장에서 무엇이 어렵고, 무엇이 싫은지, 무엇이 좋은지 문제를 찾아내어 그것이 마치 자기들의 문제인 것처럼 보이기 위한 것 아닐까요? 이 책이 특별히 인기가 있는 이유는 바로 그런 점 때문입니다.

  이 책은 독자가 자신의 생활과 책 내용을 연결 짓게 만들어주는 것이 핵심입니다. 그림책 읽기 전략들은 여러 가지입니다. 자신의 생활과 연결 짓기, 시각화하기, 예측하기, 요약하기, 줄거리 말해 보기, 이해 점검하기 등은 그림책 읽기의 대표적 전략들입니다. 그중에서 자신의 생활과 연결 짓기는 아주 중요한 전략 중 하나입니다. 책을 읽을 때, 독자는 무엇을 가장 잘 먹는지, 무엇을 가장 싫어하는지, 모든 음식을 골고루 잘 먹어야 한다는 식의 자기 식습관과 관련하여 대화를 나누면 좋겠습니다.

book_ 88

글_ 모리야마 미야코

그림_ 쓰치다 요시하루

옮김_ 양선하

출판사_ 현암사

추천 연령_ 만 3~5세

주제_ 내 것과 남의 것

노란 양동이

이 책은 어떤 책인가요?

무엇인가를 가지고 싶어 하는 마음은 인간이 지닌 본질적 문제 중 하나이지요. 이 문제를 따뜻하고 정감 있게, 리듬감 있게 이야기하는 책입니다. 가지고 싶다고 해서 아무것이나 다 가질 수는 없습니다. 가지더라도 정당한 방법으로 가져야겠지요. 가지고 싶은 것을 갖기 위해 소망하고, 노력하고, 기다리는 과정이 필요합니다.

여기 그런 이야기가 있습니다. 아기 여우가 마음에 쏙 드는 양동이 하나를 발견합니다. 자기가 그것을 꼭 가졌으면 좋겠다고 생각합니다. 그러나 그것은 자기의 것이 아니기 때문에 덥석 가질 수가 없습니다. 친구들에게 달려가 의논을 합니다. 일주일만 기다려서 주인이 나타나지 않으면 그때 가지자고 친구들이 조언을 해줍니다. 일주일을 기다리는 아기 여우와 친구들의 마음이 너무 예쁘게 그려져 있습니다. 가지고 싶은 것을 갖기 위해 간절히 소망하고, 기다리며 노력하는 자세, 또 그것을 정녕 가질 수 없을 때 기꺼이 놓을 수 있는 아기 여우의 마음이 정말 멋지게 그려져 있습니다.

파스텔 톤의 색감과 수묵으로 간결하게 인물들의 표정이 그려져 있고, 칼라와 흑백 장면이 번갈아 나타나고 있습니다. 글이 리드미컬하게 읽히는 책입니다.

이 책의 작가는요?

이 책의 글 작가, 모리야마 미야코(森山 京, 1929~2018)는 도쿄에서 태어났습니다. 광고 카피라이터로 일하다가 동화 작가가 되었다고 합니다. 아이의 마음과 따뜻한 미소를 지닌 분이라고 합니다. 작가의 책들은 모두 아이의 마음이 엿보이는 따뜻한 책들입니다. 《노란 양동이》가 포함된 '아기 여우' 시리즈가 대표적이고, 《오늘 참 예쁜 것을 보았네》, 《나무 할아버지와 줄넘기》, 《쿤쿤의 숲 속 이야기》, 《그 아이를 만났어》, 《흔들다리 흔들흔들》, 《너무 너무 졸려요》, 《아빠를 기다리며》, 《나도 고마워!》 등 수많은 작품들을 썼고, 이런 책들로 일본의 주요 문학상들을 많이 받았습니다.

이 책의 그림 작가, 쓰치다 요시하루(土田 義晴, 1957~)는 일본의 초등학교 국어 교과서와 음악 교과서에 그림을 많이 그려서 대부분의 일본 사람들은 그의 그림을 보면 알아볼 수 있을 정도로 유명하다고 합니다. 야마가타현에서 태어났고, 일본대학 예술학부 유화과를 졸업했습니다. 그의 책에는 아기 여우와 동물들이 많이 등장하는데, 책 속에서 아이들은 동물이 아니라 인간을 그리고 있다고 합니다. 아이들은 책 속에서 동물들을 동물로 생각하지 않고 같이 어울리는 친구로 생각한다고 보지요. 작가는 그런 친구들 속에서 일어나는 사람 마음의 움직임을 나타내려고 애쓴다고 합니다.

작가의 작품들로는 《우고의 대단한 심부름》, 《보물이 날아갔어》, 《흔들다리 흔들흔들》, 《그 아이를 만났어》, 《쿤쿤의 숲 속 이야기》, 《엄마 아빠는 나만 미워해!》, 《마법의 그림물감》 등이 있습니다. 대부분 작품의 화풍이 매우 부드럽고 따뜻하고, 내용은 아이들에게 꿈과 희망을 주는 이야기들입니다.

이 책의 줄거리는요?

월요일, 아기 여우가 외나무다리 근처에서 노란 양동이를 발견합니다. 정말 아기 여우의 마음에 쏙 드는 양동이입니다. 자기가 가졌으면 참 좋겠다고 생각하지요. 그런데 이것이 누구의 것인지 알 수 없습니다. 덥석 가질 수가 없습니다. 아기 여우는 친구인 아기 토끼에게 달려갑니다. 아기 토끼는 빨간 양동이를 가졌습니다. 둘은 노란 양동이를 보기 위해 달려갑니다. 가다가 아기 곰을 만나지요. 모두 함께 노란 양동이를 보기 위해 달려갑니다. 아기 곰은 파란 양동이를 가졌습니다. 모두가 저마다 자신이 좋아하는 색깔의 양동이를 가지고 있습니다. 아기 여우도 오래전부터 양동이를 가지고 싶었습니다. 그런데 노란 양동이를 가지고 싶었습니다.

셋은 주인이 나타나는지 일주일만 기다려보자고 합니다. 그때까지 주인이 나타나지 않으면 아기 여우가 노란 양동이를 가져도 좋다고 생각을 합니다. 아기 여우는 날마다 양동이를 보러 갑니다. 화요일에도 수요일에도 양동이는 그대로 있습니다. 날마다 양동이를 보러 갑니다. 심지어 비가 오는 날에도 갑니다. 일요일에도 노란 양동이는 그 자리에 있습니다. 아기 여우는 나무 막대기를 주워 양동이 바닥에 '여우, 이여돌'이라고 이름 쓰는 시늉을 해보기도 합니다. 하룻밤만 더 기다리면 노란 양동이를 가질 수 있다고 생각한 아기 여우는 밤에 꿈을 꾸기도 합니다.

드디어 월요일, 아기 여우가 뛰어가 보니 노란 양동이가 사라지고 없습니다. 친구들도 매우 안타까워합니다. 그런데 아기 여우는 지난 일주일 노란 양동이를 오롯이 자기 것으로 가질 수 있었던 것만으로도 좋았다고 말합니다.

이 책을 읽고 이렇게 이야기를 나누어보세요.

1. 이야기 알기
    1) 아기 여우가 노란 양동이를 발견하고, 왜 아기 토끼네 집으로 달려갔을까요?
    2) 아기 여우가 왜 일주일 동안 집에서 기다리지 않고, 날마다 노란 양동이를 보러 갔을까요?
2. 그림 자세히 살피기
    1) 본문 16~17쪽, 아기 여우, 아기 토끼, 아기 곰은 지금 무엇을 하고 있나요?
3. 등장인물 되어보기
    1) 비가 오는 금요일에도 아기 여우는 노란 양동이를 보러 갔습니다. 그때 아기 여우는 무슨 생각을 하고 있었을까요?
    2) 일주일 후 월요일 노란 양동이가 사라진 것을 보고, 아기 여우는 어떤 기분이었을까요?

이야기를 나눌 때 이런 점을 유의하세요.

그림책에는 동물 캐릭터들이 많이 나옵니다. 아이들이 이런 책을 읽을 때는 이 캐릭터들이 동물이라고 생각하기보다는 자기들의 친구라고 생각합니다. 이 책도 역시 마찬가지입니다. 아기 여우가 노란 양동이를 발견하고, 일주일을 기다리는 동안 아기 여우의 마음이 얼마나 간절한지 그 마음의 변화를 읽고, 감정이입하는 것이 이 책의 핵심입니다. 아기 여우의 마음이 매일 똑같은 것은 아닐 겁니다. 아기 여우의 이런 마음에 대해 가능한 한 말로 표현해보게 하고, 공감 정도를 살펴보면 좋을 것입니다.

book_ 89

글·그림_ 폴 갈돈

옮김_ 엄혜숙

출판사_ 시공주니어

추천 연령_ 만 3~5세

주제_ 노동의 가치, 협력

빨간 암탉

이 책은 어떤 책인가요?

 옛이야기를 재구성하여 만든 그림책입니다. 즉, 전래동화 그림책이지요. 대부분 옛이야기들은 일정한 형식과 구조를 지니지만 대체로 인물의 생김새나 성격, 이야기의 배경 등이 세세히 묘사되지 않는 경향이 있습니다. 그래서 이야기는 주로 사건 위주로 전개되고 기술되지요. 옛이야기에 나오는 인물은 대체로 평면적입니다. 즉 이야기 속에서 인물이 어떻게 행동할 것인지 독자가 예측하기가 쉽다는 뜻이지요. 복잡한 성격의 인물이 아니라 현명한 자와 어리석은 자, 부자와 가난한 자, 착한 사람과 나쁜 사람 등의 대립적 인물들이 많이 나옵니다.

 이 책 역시 부지런한 자와 게으른 자의 대립적 구조를 보입니다. 그러나 이 이야기가 그림책으로 탄생하면서 인물의 묘사가 훨씬 더 구체적이고 특징적이 되었습니다. 특별히 이 책은 동물들의 모습이 아주 생생하게 잘 그려진 책입니다. 작가가 어려서부터 동물들을 수없이 많이 보아왔기 때문에 이런 그림을 그릴 수 있었다고 말합니다.

  옛이야기는 시대를 거치며 구전되어왔기 때문에 불필요한 말이나 너절한 말들은 다 제거되고, 꼭 필요한 말만 살아남아 문장이 간결하고 반복적이어서 암기하기 쉽습니다. 문장들은 운율이 있고 리듬감이 있지요. 이야기를 듣는 대부분의 사람들은 이런 이야기의 분위기와 흥취에 쉽게 젖게 됩니다. 이런 책은 책을 읽어주는 어른과 아이가 역할을 바꾸어가며 번갈아 읽는 것이 좋습니다. 즉 긴 문장은 어른이 읽고, 외우기 쉬운 짧은 문장은 아이들이 소리 내어 읽으면 읽는 재미가 훨씬 더해지지요.

  이 책은 빨간 암탉이 밀알을 하나 발견하고, 같이 사는 동물들에게 같이 씨를 심고, 밀알을 거두고, 밀가루를 빻아 빵을 만들자고 매 과정마다 부탁하지만 거절당하는 이야기입니다. 그러나 빵을 만들어 먹으려는 찰나에는 다른 동물들이 함께 먹자고 합니다. 그러나 암탉이 거절하고 혼자서 빵을 먹는다는 반전이 있는 이야기입니다.

이 책의 작가는요?

  이 책의 작가, 폴 갈돈(Paul Galdon, 1914~1986)은 헝가리 부다페스트에서 태어났습니다. 어린 시절을 헝가리에서 보내고 열네 살에 미국으로 이민을 갑니다. 영어가 서툴러 학교 공부를 따라가기가 참 어려웠지만 생물만은 자신이 있었다고 합니다. 어려서 아버지와 함께 동물원에 가서 동물들을 많이 봤기 때문이라고 하네요. 그는 곧 자신이 곤충들을 참 잘 그리는 것을 알게 되었다고 합니다.

친구들에게 곤충 그림을 많이 그려주었다고 합니다.

가족들의 생계를 돕기 위해 식당 일, 전기 기술공 등의 일을 했다고 합니다. 일을 하면서 뉴욕시에 있는 예술학교를 다니며 그림 공부를 했다고 합니다. 그 결과 출판사의 일러스트레이터로 일할 수 있었고, 자신의 작품을 만들 수 있는 기회도 얻을 수 있었다고 합니다. 그의 다른 작품들로는 칼데콧 명예상을 받은 《아나톨과 고양이》가 있고, 《요정과 구두장이》, 《아기 돼지 삼 형제》, 《곰 세 마리》, 《우락부락 염소 삼 형제》 등이 있습니다.

이 책의 줄거리는요?

이 책은 전래동화 그림책입니다. 고양이, 개, 생쥐, 작고 빨간 암탉이 함께 살지요. 그런데 작고 빨간 암탉이 모든 집안일을 혼자서 다 합니다. 요리, 설거지, 침대 정리, 바닥 쓸기, 창문 닦기, 바느질 등 모든 일을 혼자서 다 합니다. 고양이, 개, 생쥐는 너무 게을러서 따뜻하고 폭신한 곳에서 꾸벅꾸벅 졸거나 오수를 즐길 따름입니다.

어느 날 작고 빨간 암탉이 마당에서 괭이질을 하다가 밀알 몇 개를 발견합니다. "누가 이 밀알을 심을래?" 하고 소리칩니다. 모두들 "난 싫어." 하고 거절합니다. 작고 빨간 암탉은 혼자서 밀알을 심고, 아침마다 풀을 뽑고, 물을 줍니다. 밀알이 자라기 시작했고, 벨 때가 되었습니다. 빵을 만들기까지 과정 과정마다 암탉은 도움을 요청했지만 고양이, 개, 고양이는 싫다고 외쳐댑니다.

작고 빨간 암탉은 드디어 밀가루를 빻아 빵을 만들게 되었습니다. 우유랑 설탕이랑 달걀이랑 버터를 넣고 반죽을 만들어 오븐에 넣고 빵을 굽습니다. 고소한 냄새가 진동을 합니다. 고양이, 개, 생쥐가 슬금슬금 다가와 입맛을 다십니다. "누가 이 케이크 먹을래?" 하고 암탉이 소리칩니다. 모두가 자기가 먹겠다고 덤빕니다. 작고 빨간 암탉은 어떻게 했을까요?

이 책을 읽고 이렇게 이야기를 나누어보세요.

1. 이야기 알기

    1) 작고 빨간 암탉이 빵을 만들기까지 무슨 일이 있었나요?

    2) 작고 빨간 암탉이 왜 혼자서 빵을 다 먹어버렸나요?

2. 그림 자세히 살피기

    1) 표지를 보여주며, 작고 빨간 암탉이 손에 들고 있는 것은 무엇인가요? 왜 이것을 한꺼번에 다 들고 서 있나요?

    2) 본문 35~36쪽, 빨간 암탉이 빵을 거의 다 먹고 있을 때 고양이, 개, 생쥐는 어떤 표정을 하고 서 있나요?

3. 등장인물 되어보기

    1) 빨간 암탉이 모든 집안일을 혼자서 다할 때 어떤 생각이 들었을까요?

    2) 빨간 암탉이 혼자서 빵을 다 먹을 때 고양이, 개, 쥐는 어떤 기분이었을까요?

이야기를 나눌 때 이런 점을 유의하세요.

대부분 전래동화 그림책들은 권선징악의 주제를 가지고 있습니다. 이 책 역시 게으르지 말고 부지런히 살라고 권하고 있습니다. 그 교훈을 깨치는 것도 중요하지만 또 빵이 만들어지기까지의 과정을 이해하는 것도 좋습니다. 우리가 아무 생각 없이 먹는 빵 한 조각도 씨앗을 심고, 물을 주고, 풀을 뽑고, 밀을 베고 갈아, 밀가루를 반죽하여 빵을 굽는 과정이 있다는 걸 이해하는 것도 훌륭한 교훈이 되겠지요. 책을 읽으면서 이런 과정 과정마다 아이들이 "난 싫어"라고 외치며 책 읽기에 참여하면서 즐기면 책이 훨씬 더 재미있을 것입니다.

book_ 90

글_ 이브 티투스

그림_ 폴 갈돈

옮김_ 정화진

출판사_ 미디어창비

추천 연령_ 만 3~5세

주제_ 자존감, 공생의 길

아나톨

이 책은 어떤 책인가요?

사람은 밥만 먹고 살 수 없습니다. 자존심을 가지고 명예롭게 살 수 있어야 행복하게 살 수 있습니다. 삶의 과정에서 행복감을 느낄 수 없다면 사는 것이 얼마나 지옥 같을까요? 자존심을 지키며 명예롭게 살 수 있는 방법은 무엇일까요? 그것은 아마도 누군가에게 도움을 주며 사는 삶 아닐까요? 이런 문제를 다루고 있는 멋진 그림책입니다.

이 책은 1957년에 칼데콧 명예상을 수상한 작품입니다. 60년 이상 아이들의 사랑을 받아온 책이지요. 수많은 사람들이 이렇게 오랫동안 이 그림책에 빠져드는 이유는 이 책이 삶의 본질적 문제를 깊이 사고하게 만들기 때문인 것 같습니다.

책 제목도 '아나톨'이고, 책에 나오는 주인공도 '아나톨'입니다. 이브 티투스(Eve Titus)가 글을 썼고, 폴 갈돈(Paul Galdone)이 그림을 그렸습니다. 두 사람 다 이미 이 세상 사람이 아니지만 그의 작품들은 '아나톨' 연작 시리즈와 그밖에 다른 책들이 남아 계속해서 우리가 교류할 수 있는 작가입니다. 이브는 생쥐에 특별히 관심이 많았다고 합니다. 왜 생쥐에 관심이 많았는지 잘 모르겠지만 아마 작고 여린, 힘없는, 별로 호감을 얻지 못하는 생명에 대한 관심 때문 아닐까요?

이 책의 작가는요?

이 책의 글 작가, 이브 티투스(1922~2002)는 수많은 베스트셀러를 펴낸 어린이 책 작가입니다. 작가는 특히 생쥐를 주인공으로 하는 책을 많이 펴냈습니다. 대표적인 책은 프랑스를 배경으로 한 이 책 《아나톨》이어서 프랑스 작가로 오해하기 쉬운데 미국 작가입니다. 다른 작품으로는 '아나톨' 시리즈가 있고, 명탐정 '바실(Basil)' 시리즈가 있습니다.

이 책의 그림 작가, 폴 갈돈은 헝가리 부다페스트에서 태어났고 미국에서 활동한 그림책 작가입니다. 살아 있는 동안 300권에 이르는 그림책에 그림을 그렸다고 합니다. 그중에서 자신이 직접 옛이야기를 재화하여 펴낸 책들이 많습니다. 우리가 잘 알고 있는 책 중에 《빨간 암탉》, 《아기 돼지 삼 형제》는 고전이 된 책들이며, 이브 티투스의 글에 그림을 그린 《아나톨》과 《아나톨과 고양이》는 칼데콧 명예상을 받았습니다.

이 책의 줄거리는요?

아나톨은 아내와 여섯 마리의 자식들을 먹여 살려야 하는 가장입니다. 돈을 벌어와 가족들을 먹여 살리는 일은 결코 쉬운 일이 아닙니다. 아나톨은 가족들을 먹여 살리기 위해서 온갖 노력을 다 합니다. 앞도 뒤도 보지 않고 먹이를 구해왔고, 가족들을 부양했습니다. 어느 날 뜻밖에도 아나톨은 사람들이 하는 말을 엿듣게 됩니다. 정말 생쥐는 질색이라는 말을 말입니다. 누군가 자기를 혐오하고 있다는 사실을 알았을 때 마음이 얼마나 불행할까요? 살고 싶지 않았을 것입니다. 그러나 살아야 합니다. 가족들을 부양해야 하니까 말이지요.

아내에게 이 사실을 털어놓습니다. 아내는 무슨 방법을 찾아내자고 말합니다. 사람들에게서 음식 조각을 얻어먹기만 하는 자가 되지 말고, 사람들에게 도움을 주면서 음식을 얻는 자가 되자고 말합니다. 아나톨은 생각했습니다. 음식을 얻기 위해 두발레 치즈 공장으로 갔습니다. 그냥 치즈 조각만 가져온 것이 아닙니다. 각 치즈마다 메모를 남깁니다. 치즈가 어느 정도 맛있는지, 또 무엇을 어떻게 보강하면 더 맛있는 치즈가 될 것인지 메모를 남깁니다.

그 메모대로 치즈를 다시 만듭니다. 치즈 공장은 크게 성공을 합니다. 치즈 공장 사장은 만나자는 메모를 남기지만 아나톨은 사양합니다. 그러자 치즈 공장 사장은 언제든지 맛있는 치즈를 먹어도 좋다는 메모와 함께 맛있는 치즈를 차려놓습니다. 아나톨은 사람들이 먹다 남긴 음식이 아닌 최고급 치즈를 먹을 수 있게 되었고, 예전보다 더 행복한 삶을 이어갑니다.

이 책을 읽고 이렇게 이야기를 나누어보세요.

1. 이야기 알기

1) 아나톨에게 무슨 일이 일어났나요?
  2. 그림 자세히 살피기
   1) 본문 3~4쪽, 아나톨 가족이 살고 있는 생쥐 마을의 분위기는 어떤가요?
   2) 본문 13쪽, 아나톨이 아내 두세트에게 무슨 말을 어떻게 했을까요?
  3. 등장인물 되어보기
   1) 아나톨이 집에서 자기가 살고 있는 동네를 내려다보고 있을 때 어떤 기분이었을까요?
   2) 아나톨이 소파 밑에서 들은 이야기를 자기 아내에게 말할 때 아내는 어떤 마음이 들었을까요?

이야기를 나눌 때 이런 점을 유의하세요.

그림책 읽기의 궁극적 목적은 '이야기를 이해'하는 것입니다. 아이들이 책을 읽고 이야기를 이해했다면 책 내용을 요약하기, 줄거리 말하기, 인물의 성격 알기, 이야기의 함축적 의미 알기, 이야기의 세부 내용 알기 등으로 나타납니다. 그래서 읽기를 연구하는 사람들은 이야기 이해를 돕기 위해 이런 '내용 이해 전략들(comprehension strategies)'을 지도할 것을 강조합니다.

이 책은 특별히 구성이 단단한 이야기입니다. 구성이 단단한 이야기는 사건의 인과관계가 분명하지요. 다시 말하면 이야기의 줄거리가 인과관계를 분명히 알 수 있도록 진행됩니다. 이런 이야기들은 내용 이해 전략들을 가르치기가 좋지요. 특별히 이 책은 줄거리 말해보기를 하면 좋을 것 같습니다. 아나톨에게 무슨 일이 일어났는지 순서대로 말해보게 하면 책 내용을 이해하는 데 많은 도움이 될 것입니다. 아이가 이야기의 사건을 순서대로 말할 때 꼭지마다 힌트를 주면 좋습니다. 이야기 이해 지도는 한 번에 다 지도할 수 없습니다. 이야기 요약하기, 줄거리 말하기, 인물의 성격 파악하기 등 하나의 전략을 실행해보는 것이 좋습니다.

book_ 91

글_ 장 르로이

그림_ 마티유 모데

옮김_ 김미선

출판사_ 키위북스

추천 연령_ 만 3~5세

주제_ 약속 지키기

약속 꼭! 꼭 지킬게

이 책은 어떤 책인가요?

인간이 모양새 있게, 인간답게 살려면 약속을 꼭 지켜야 한다는 내용의 책입니다. 사람들은 약속을 지키는 것이 중요하다는 사실을 다 알고 있고, 또 약속을 지키며 살아가려고 애쓸 것입니다. 그런데 약속을 지키되 목숨을 걸고서라도 지켜야 하는지 한 번쯤 생각해볼 필요가 있지요. 삶을 살아가는 동안 양심을 지키며 멋지게 살아가는 것이 어디 그리 쉬운 일이겠습니까? 조그만 이익을 위해서라면 약속을 가볍게 던져버리는 현대인들에게 매우 의미심장한 메시지를 던지는 책입니다. 독자는 메시지만 받아들이고, 늑대를 기다리는 일은 하지 않았으면 좋겠습니다.

그림책은 인물들이 어떻게 생각하고 느끼고 행동하는지 깊이 생각하게 만드는 매체임에 틀림없습니다. 늑대가 먹이를 잡아먹으려는 결정적 순간에 부모님의 목소리를 생각해내네요. 마지막 소원은 꼭 들어주어야 한다고 말이지요. 또 먹잇감으로 잡힌 토끼나 암탉이나 소년은 모두 마지막 순간에 물질이 아닌 예술 행위를 요구합니다. 우리의 삶에서 예술은 결코 가볍게 여길 수 없는, 삶의 질을 고양하는 의미 있는 행위인 것 같습니다.

이 책은 연필과 디지털 그림으로 이야기 내용을 따라가기 쉽게, 어른들이 아이들에게 읽어주기 쉽게 만들어졌습니다. 빨강, 노랑, 갈색, 검정만으로 이렇게 간결하게 풍부한 배경을 만들어낼 수 있는지 놀랍습니다. 초등학교 1~2학년 아이들은 혼자서도 얼마든지 이 책을 즐길 수 있습니다.

이 책의 작가는요?

이 책의 작가, 장 르로이(Jean Leroy, 1975~)는 프랑스 발랑시엔에서 태어났습니다. 2010년 작가가 되기 전까지 10년 동안 교사 생활을 했습니다. 그동안 수십 권의 책을 썼고, 그중 몇 권은 여러 나라에 번역 출판되었습니다. 현재 프랑스에 살고 있습니다. 그의 작품으로는 《다섯 발가락》, 《멋쟁이 슈퍼 토끼》, 《으악, 늑대다!》 등이 있습니다.

이 책의 그림 작가, 마티유 모데(Matthieu Maudet)는 프랑스 낭트에서 태어났습니다. 그는 그래픽 디자인을 공부했으며 지금은 오로지 어린이들을 위한 그림을 그리고 있습니다. 2005년부터 이 책의 글 작가인 장 르로이와 작품 활동을 함께 많이 했습니다. 대표적 작품으로 《다섯 발가락》, 《난 갈 거야!》, 《으악, 늑대다!》 등이 있습니다.

이 책의 줄거리는요?

 반바지와 티셔츠를 예쁘게 갖춰 입은 늑대가 처음으로 사냥을 나갑니다. 처음에 토끼를 잡았습니다. 배가 고파 얼른 잡아먹고 싶었지만, 부모님의 목소리가 들려오는 듯했습니다. 평소 부모님은 어떤 존재이건 마지막을 중요하게 여기라고 가르쳤습니다. 늑대는 토끼의 마지막이 의미 있는 시간이 되도록 토끼에게 마지막 소원을 말하게 했습니다. 토끼는 재미있는 책을 읽는 것이라고 말합니다. 늑대가 책을 가지러 간 사이 토끼는 당연히 도망갔지요. 책을 읽어주기 위해 돌아온 늑대는 약속을 지키지 않은 토끼에 대해 불같이 화를 내며 또다시 사냥을 갑니다.

 두 번째는 암탉을 사냥했습니다. 이번에도 역시 마지막 소원을 말하라고 말합니다. 이번에는 암탉이 아름다운 음악을 듣고 싶다고 하네요. 늑대가 악기를 가지러 간 사이 암탉은 재빨리 도망갑니다. 늑대는 이번에도 앞에서와 마찬가지로 약속을 지키지 않은 암탉에 대해 불같이 화를 냅니다.

 세 번째는 소년을 잡았습니다. 또다시 부모님의 교훈이 생각났고, 망설이다가 또 소년에게 마지막 소원을 말하라고 합니다. 소년은 자기를 그려달라고 부탁합니다. 늑대가 스케치북과 연필을 가지러 갔지만, 소년은 약속을 지키고 서 있었습니다. 소년은 늑대가 그린 그림을 보고 그것을 친구들에게 자랑하고 싶다고 말합니다. 소년은 늑대와 함께 소년의 집으로 향합니다. 그런데 이게 웬일인가요? 소년의 집에 있는 친구는 약속을 지키지 않았던 토끼와 암탉입니다. 반전 구조와 열린 결말의 이야기입니다. 마지막 결론은 독자가 만들어야겠지요.

이 책을 읽고 이렇게 이야기를 나누어보세요.

1. 이야기 알기

   1) 늑대, 토끼, 암탉, 소년 중에서 누가 제일 착한가요? 왜 그렇게 생각하나요?

   2) 마지막에 늑대가 토끼와 암탉을 어떻게 했을까요? 또 토끼와 암탉은 어떻게 했을까요?

2. 그림 자세히 살피기

   1) 늑대의 얼굴 표정이 어떻게 변하는지 차례로 말해보세요.

   2) 늑대가 토끼, 암탉, 소년을 잡을 때 왜 배경이 빨간색이었을까요?

3. 등장인물 되어보기

   1) 본문 19쪽, 늑대가 소년의 그림을 그릴 때 늑대의 마음은 어땠을까요?

   2) 소년이 늑대를 집으로 데리고 오자 토끼와 암탉은 어떤 기분이었을까요?

이야기를 나눌 때 이런 점을 유의하세요.

이 책에는 네 명의 등장인물이 나옵니다. 늑대, 토끼, 암탉, 소년이지요. 누가 가장 중요한 인물이라고 말하기 어려운 책입니다. 이 이야기는 네 인물 모두의 생각, 느낌, 행동을 이해하는 게 가장 잘 이야기를 이해하는 것이 되겠지요.

네 인물이 어떻게 서로 다르게 생각하고, 느끼고, 행동했는지 알고 공감하는 것이 핵심입니다. 그림책 속에는 생각이 있고 울림이 있고, 그 생각과 울림에 따라 공감할 수 있는 적절한 행동이 있을 때 재미있게 읽게 되지요. 좋은 그림책은 많은 사람이 공감할 수 있는 생각과 느낌과 행동들이 기술되어 있습니다. 이 책이 이런 류의 책이 아닐까요?

이야기는 인간의 매우 복잡하고, 미묘한 생각과 감정을 아주 간단하게 기술하는 특성이 있고, 반대로 독자는 그렇게 간단하게 기술된 이야기를 듣고, 복잡 미묘한 인간의 생각과 감정을 이해하지요. 이 책은 각 인물을 중심으로 생각과 느낌, 행동이 어떻게 서로 다른지 말해보게 하면 가장 좋은 토의가 될 것 같습니다.

book_ 92

글·그림_ 존 클라센

옮김_ 서남희

출판사_ 시공주니어

추천 연령_ 만 3~5세

주제_ 내 것과 남의 것

이건 내 모자가 아니야

이 책은 어떤 책인가요?

아이들이 이 책을 한 번 보면 보고, 또 보고를 반복하는 책입니다. 저는 이 책을 보고 난 다음 작가가 천재인 것 같다는 생각이 들었습니다. 어떻게 이렇게 간단한 디자인으로 이렇게 아름다운 그림을 만들어낼 수 있는지, 이렇게 간단한 말로 이렇게 복잡한 내면을 잘 표현해낼 수 있는지, 또 어떻게 글과 그림이 이렇게 잘 어우러지게 할 수 있는지 놀랐습니다. 이런 작품을 창작해낼 수 있는 그는 도대체 어떤 사람일까 궁금했습니다. 그림책이 주는 문학성이나 예술성에 놀라지 않을 수 없었습니다.

작은 물고기가 훔쳐온 작은 모자를 쓰고 물속을 하늘하늘 헤엄쳐갑니다. 자신의 행위에 대해 계속 뭔가를 흥얼흥얼 변명해가며 헤엄쳐갑니다. 책 내용은 비교적 다의적인 해석이 가능하고, 결말은 독자가 마무리 짓도록 하고 있습니다. 독자가 이야기 구성에 직접 참여할 수 있게 하는 책이지요.

글과 그림이 거의 같은 말을 하지 않습니다. 글은 이야기를 직접 전개하지 않으며, 그림이 할 수 없는 말만 합니다. 그림은 글이 표현하지 않는 인물의 행위, 심리 상태와 시공간적 배경, 플롯을 그리고 있습니다. 그들의 심리 상태는 주로 눈동자의 형태로 표현합니다. 즉 글과 그림이 대위법적 관계를 이루며 이야기를 긴장감 있게 진행합니다. 그림이 이야기의 핵심적 내용을 전달하고, 글은 화자인 작은 물고기가 1인칭 시점으로 자신의 생각을 독자에게 직접 전하고 있습니다. 이 책은 작가의 세계관을 확실히 엿볼 수 있는 매우 멋진 그림책입니다.

이 책의 작가는요?

이 책의 작가, 존 클라센(Jon Klassen, 1981~)은 캐나다 온타리오주에서 태어나 대학에서 애니메이션을 공부했습니다. 그는 어려서부터 영상으로 둘러싸인 환경에서 자랐다고 합니다.

2010년부터 그림책을 만들기 시작했습니다. 2013년에 글과 그림을 쓰고 그린 《이건 내 모자가 아니야》로 칼데콧 상을 수상했으며, 《애너벨과 신기한 털실》로 같은 해 칼데콧 명예상을 수상했습니다. 한 작가가 같은 해에 칼데콧 상을 중복 수상한 것은 매우 드문 사례이지요. 이처럼 그의 책들은 작품성과 상업성을 모두 인정받았습니다.

다른 작품들로는 《내 모자 어디 갔을까?》, 《모자를 보았어》 등이 있고, 맥 바넷과 함께한 작품으로 《샘과 데이브가 땅을 팠어요》, 《애너벨과 신기한 털실》 등이 있으며, 레모니 스니켓과 함께한 《그날, 어둠이 찾아왔어》 등이 있습니다.

이 책의 줄거리는요?

작은 물고기 한 마리가 하늘하늘 물속을 헤엄쳐가고 있습니다. 꽁무니에 작은 물방울을 일으키며 헤엄쳐가고 있습니다. 머리에는 아주 앙증맞은 파란 모자를 쓰고서 말입니다. 계속 무엇인가를 종알거리며 부지런히 헤엄쳐가고 있습니다. 옆도 뒤도 돌아보지 않고 앞만 향해 나가고 있습니다. "이건 내 모자가 아니야. 커다란 물고기한테서 슬쩍한 거야. 커다란 물고기는 아마 오랫동안 잠에서 안 깰 거야"라고 말합니다. 그러나 커다란 물고기는 이런저런 눈 모양을 해가며 작은 물고기의 뒤를 따르고 있습니다.

작은 물고기가 어디로 갔는지 말하지 않겠다던 꽃게가 큰 물고기에게 작은 물고기가 간 방향을 가르쳐줍니다. 작은 물고기는 계속 이러쿵저러쿵 변명을 이어갑니다. "모자를 훔치는 게 나쁘다는 건 알아. 어쨌든 커다란 물고기한테는 너무 작았어. 나한테는 요렇게 딱 맞는데 말이야!"라고 말합니다. 작은 물고기는 드디어 빽빽한 물풀 속으로 들어가고, 곧이어 큰 물고기도 들어갑니다. 큰 물고기가 작은 모자를 쓰고 다시 오던 방향으로 되돌아 나옵니다. 작은 물고기가 어떻게 되었는지 아무도 모릅니다.

이 책을 읽고 이렇게 이야기를 나누어보세요.

1. 이야기 알기
   1) 작은 물고기는 왜 물풀 속으로 들어갔을까요?
   2) 작은 물고기는 헤엄을 치면서 왜 계속 말을 했을까요?
2. 그림 자세히 살피기

1) 본문 5~8쪽, 큰 물고기는 자기 모자가 없어진 것을 정말 몰랐을까요?
   2) 본문 23~24쪽, 31~32쪽, 물풀 속에서 작은 물고기는 어떻게 되었을까요?
  3. 등장인물 되어보기
   1) 작은 물고기는 큰 물고기의 모자를 슬쩍하면서 어떤 생각을 했을까요?

이야기를 나눌 때 이런 점을 유의하세요.

이 책은 다의적인 해석이 가능하고, 결말이 열려 있는 작품입니다. 대개 이야기는 이야기를 이어가는 동력이 존재합니다. 이런 책은 특별히 독자가 그 동력을 이해하는 것이 중요합니다. 그 동력은 주로 다층적 읽기를 통해 이해하게 됩니다. 더 간단히 말하면, 이 책은 다층적 읽기를 통해 작은 물고기의 마음을 이해하는 것이 핵심입니다. 작은 물고기의 마음은 독자에 따라 다르게 해석되고 이해된다는 뜻이지요.

다층적 읽기는 기본적 읽기, 검증적 읽기, 분석적 읽기 등으로 이루어집니다. 여기서 다층적 읽기에 대한 설명을 자세히 하지는 않겠습니다. 다만 이 책을 읽을 때는 직접 말해지지 않은 작은 물고기의 마음을 이해해야 하기 때문에 그냥 지나치듯이 한 번 쓱 읽고 말면 안 된다는 뜻입니다.

작은 물고기는 도대체 어떤 인물이며, 왜 그 작은 모자를 가지고 싶어 하는지, 그 모자를 가지기 위해 어떤 노력을 했는지, 그 결과는 어땠는지, 작은 물고기의 그런 행동에 대해 독자는 어떤 생각이 드는지 등을 생각하면서 읽고 함께 이야기를 나누면 좋을 것 같습니다.

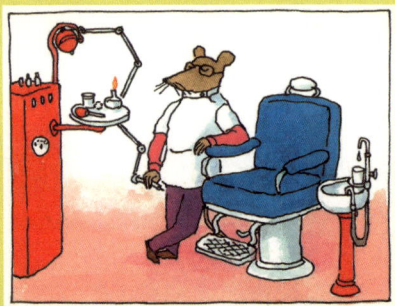

book_ 93

글·그림_ 윌리엄 스타이그

옮김_ 조은수

출판사_ 비룡소

추천 연령_ 만 3~5세

주제_ 용기와 재치

치과 의사 드소토 선생님

이 책은 어떤 책인가요?

재치와 유머가 있는 책, 그러나 선악의 문제를 생각해보게 만드는 책입니다. 드소토 선생님은 책 제목에서도 알 수 있듯이 치과 의사입니다. 그의 아내를 조수로 두고, 동물들의 이빨을 치료해주는 훌륭한 의사입니다. 그가 얼마나 훌륭한 의사인지 한 번만 치료하면 더 이상 아프지 않다고 합니다. 그러나 그는 가장 힘없는 생쥐에 불과하지요. 쥐라서 위험하거나 사나운 동물들은 치료하지 않겠다고 간판 아래 간판을 하나 더 붙이고 영업합니다.

우리는 선과 악의 기로에 설 때가 많지요. 선을 선택하고 이익도 얻을 수 있다면 얼마나 좋겠습니까? 그러나 선을 선택하면 손해를 보는 경우가 많습니다. 손해가 나도 선을 선택하고, 위험한 줄 알면서도 선을 선택할 수 있는 사람은 훌륭한 사람입니다. 더구나 힘없고, 가진 것 없는 사람이 그런 선택을 한다면 더 훌륭한 사람이지요.

아이들의 앞날은 그 어떤 유혹도 없이 순탄하기만 할까요? 유혹

이 있을 때마다 아이들은 그것들을 이겨낼 수 있는 여러 가지 심리적 장치들이 필요합니다. 이 책도 바로 이런 장치들 가운데 하나가 될 수 있지요. 재미있는 스토리와 페이지마다 눈길을 사로잡는 그림이 아주 매력적입니다. 상황에 따라 달라지는 여우의 표정, 그런 환자를 지극정성으로 치료하는 드소토 선생님의 표정은 아주 재미를 주는 요소이지요. 인물의 표정에 감정을 담아낼 줄 아는 작가의 탁월한 그림 솜씨가 돋보입니다.

이 책의 작가는요?

이 책의 작가, 윌리엄 스타이그는 뉴욕 브루클린에서 태어났습니다. 형 어윈(Irwin)에게 그림 지도를 받았고, 예술적이며 음악적인 분위기의 가정에서 자랐습니다. 그는 뛰어난 카툰 작가이기도 하고, 이야기 구성력이 뛰어난 그림책 작가이기도 합니다. 작가의 그림책 속 그림은 단순한 선과 가벼운 채색으로 그려졌지만, 아이들이 한 번 읽으면 대부분 이야기를 잊지 않는다고 합니다. 이야기의 구성이 탄탄하다는 뜻이지요.

그의 작품에 등장하는 인물들은 아이는 물론, 생쥐, 고래, 토끼, 당나귀, 돼지, 심지어 뼈다귀까지 등장합니다. 이들 모두 의인화된 인물이며 아이들이 쉽게 동일시할 수 있습니다. 이런 인물들을 통해 작가는 사랑을 받고 싶어 하는 아이들의 심리, 모험심, 호기심, 가족 사랑 등을 잘 표현합니다.

작가는 각종 아동문학상을 많이 받았습니다. 《당나귀 실베스터와 요술 조약돌》로 칼데콧 상을 받았고, 《아벨의 섬》과 《치과 의사 드소토 선생님》으로 뉴베리 명예상을 받았습니다. 1982년에는 어린이 책의 노벨상이라고 할 만한 안데르센 상을 받았습니다. 그 밖에 《부루퉁한 스핑키》, 《멋진 뼈다귀》, 《엉망진창 섬》, 《슈렉!》, 《아프리카에 간 드소토 선생님》 등 제목만 들어도 우리가 익히 아는 작품들이 많이 있습니다.

이 책의 줄거리는요?

치과 의사인 드소토 선생님은 그의 아내를 조수로 두고, 크고 작은 동물들의 이빨을 치료해주는 아주 훌륭한 의사입니다. 그가 한 번만 치료해주면 더 이상 아프지 않다고 합니다. 그러나 그는 동물 중에서도 가장 힘없는 생쥐에 불과합니다. 그래서 위험하거나 사나운 동물들은 치료하지 않겠다고 간판 아래 간판을 하나 더 붙이고 영업을 하지요. 즉 생쥐를 먹고 싶어 하는 고양이 같은 동물들을 치료해주다가 목숨을 잃을 수 있기 때문입니다. 사납거나 위험하지 않은 동물은 아무리 크더라도 사다리를 타거나 도르래를 이용해서라도 이빨을 치료해줍니다.

그런데 어느 날 여우가 찾아왔습니다. 너무나 간곡하게 이빨을 치료해주기를 부탁합니다. 드소토 선생님은 많이 망설이다가 결국 치료해주기로 마음먹습니다. 아파서 못 견디겠다고 하니 모른 척할 수 없지요. 드소토 선생님은 솜씨가 좋을 뿐만 아니라, 마음도 따뜻하기 그지없습니다. 여우가 언제 돌변할지 모르니 조심해야 합니다. 아니나 다를까 여우가 마취 상태에서 생쥐를 잡아먹겠다고 잠꼬대 비슷하게 말합니다. 여우의 속내를 알게 된 드소토 부부는 고민에 빠집니다. 둘은 결국 여우의 치료를 끝내고 위험을 모면할 수 있는 좋은 방법을 찾아냅니다. 썩은 이를 뽑은 자리에 금니를 끼우고, 여우의 이 하나하나 꼼꼼하게 약을 발라줍니다. 하루나 이틀 동안은 절대로 이가 떨어지지 않는 약이지요.

이 책을 읽고 이렇게 이야기를 나누어보세요.

1. 이야기 알기
   1) 드소토 선생님은 왜 여우를 돌려보내지 않고 이를 치료해주기로 결심했을까요?
   2) 여우가 '내일 치료가 끝나고 의사 선생님을 잡아먹으면 나쁜 일일까 아닐까?'라고 고민한 이유는 무엇일까요?

2. 그림 자세히 살피기
   1) 본문 19쪽, 드소토 부부는 침대에 누워서 서로 어떤 이야기를 나누고 있을까요?
   2) 본문 25쪽, 치료가 끝나자마자 여우는 지금 무슨 생각을 하고 있을까요?

3. 등장인물 되어보기
   1) 여우는 자신의 이가 들러붙었다는 것을 알았을 때 기분이 어땠을까요?
   2) 여우가 치료를 끝내고 비틀비틀 계단을 내려갈 때 드소토 부부는 어떤 느낌이었을까요?

이야기를 나눌 때 이런 점을 유의하세요.

작가는 작품 속 인물을 통해 메시지를 전달합니다. 이 책의 주인공은 힘없고 연약한 생쥐 드소토 선생님입니다. 아이들은 책을 읽으면서 이 힘없고 연약한 주인공을 자기 분신처럼 여기게 됩니다. 현실과 대면해 아이들은 불안과 억압을 느끼기도 하지요. 작품 속 주인공 역시 불안하고 억압적인 환경에 처합니다. 그러나 주인공은 환경을 슬기롭게 대처하고 문제를 해결해서 불안과 억압에서 해방됩니다. 아이들은 이 책을 통하여 정서적 긴장 해소와 해방감을 느낄 것입니다. 이것이 아이들의 생활 가치관에 영향을 미치겠지요. 억압적이고 불안한 현실과 대면해 아이들은 슬기롭고 용감하게 문제를 해결해 나가는 능력을 갖추게 될 것입니다.

작가는 글뿐만 아니라 그림으로 이런 억압적인 환경을, 그때마다 느끼게 되는 불안감이나 해방감을 인물의 표정을 통해서 잘 표현합니다. 이 책은 주인공의 이런 정서를 느끼는 것이 중요합니다. 그림을 중심으로 주인공이 느끼는 불안감이나 해방감을 말로 표현해보게 하면 좋겠습니다.

9부

아!
재미있어요

book_ 94

글_ 맥 바넷

그림_ 존 클라센

옮김_ 홍연미

출판사_ 시공주니어

추천 연령_ 만 3~5세

주제_ 동물들의 우정, 유머

늑대와 오리와 생쥐

이 책은 어떤 책인가요?

늑대와 오리와 생쥐가 동고동락하게 된 경위를 설명하는 아주 기발하고 재치가 넘치는 그림책입니다. 맥 바넷(Mac Barnett)과 존 클라센(Jon Klassen)이 협업한 네 번째 책이지요. 이 책은 이야기의 속도와 흐름, 간결한 문장, 반복적 대화 등으로 독자가 쉽고, 즐겁게 읽을 수 있지요. 제목부터 신나게 소리 내어 읽히는 책입니다. 아이들은 늑대 배속에서 사는 오리와 생쥐의 모습을 보면서 웃지 않을 수 없고, 파티를 열고 춤을 출 때는 저절로 따라 춤을 추게 되지요.

이 책은 논리·과학적 사고가 아니라 서사적 사고를 하게 만드는 책입니다. '동물이 어떻게 동물의 배 속에서 살 수 있어?'라고 말하는 순간 이 책의 재미는 반감되어버립니다. 동물의 배 속에서도 살 수 있다는 가정을 하고 읽어야 하는 책입니다. 그래서 가정과 추리와 상상과 예측을 총동원하여 읽어야 되는 책이지요.

그림 작가는 혼합 매체를 사용하여 늑대의 배 속을 장식하고, 글 작가는 양념을 뿌리듯 간결한 문장으로 재미를 더합니다. 이 둘이 합쳐지면서 내용이 의미심장하기도 하고 웃음이 빵 터지기도 합니다. 그림은 색조와 색감, 그리고 형태를 통하여 묘하게 이야기의 본질을 드러내고, 글은 간결하지만 아이러니를 만들어 풍성한 내용을 만들어냅니다. 이 책은 마치 '그림책은 이래야 된다'라고 말하는 것 같습니다.

이 책의 작가는요?

글 작가 맥 바넷(1982~)은 미국 캘리포니아 오클랜드에서 태어나 캘리포니아 클레몽에 있는 퍼모나 대학을 졸업했습니다. 퍼모나 대학은 사립 인문대학이지요. 작가는 특히 기발하고, 재치 있는 글을 쓰기로 유명합니다. 특히 그의 글은 이 책의 그림 작가 존 클라센을 만났을 때 더욱 빛을 발한다고 합니다. 그와 협업한 《애너벨과 신기한 털실》로 2012년 보스턴 글로브 혼북 상과 2013년 칼데콧 명예상을, 그리고 《샘과 데이브가 땅을 팠어요》로 2015년 두 번째 칼데콧 명예상을 수상했습니다.

두 사람은 현재 모두 캘리포니아에 살고 있습니다. 두 사람은 아침 식사 시간에 식당에서 만나 식탁에 꽂혀 있는 메모지를 뽑아 그 위에 그림을 그려가며 아이디어를 주고받는다고 합니다. 둘은 명콤비인 셈이지요. 작가는 그림책뿐만 아니라 청소년들을 위한 글도 많이 쓰고 있습니다.

그림 작가, 존 클라센(1981~)은 동화책 일러스트레이터이자 애니메이션의 그림 작가입니다. 그는 캐나다 온타리오주에서 태어나 나이아가라 폭포 근처에서 자랐다고 합니다. 셰리든 대학에서 애니메이션을 공부했고, 2005년 졸업 후, 미국 로스앤젤레스로 이사하여 지금까지 살고 있습니다. 2010년부터 그림책 작업을 시작했습니다. 지금까지 글도 쓰고 그림도 그린 책으로는 《내 모자 어디 갔을까?》, 《이건 내 모자가 아니야》, 《모자를 보았어》 등 모자 3부작이 있고, 그림만 그린 책으로는 《샘과 데이브가 땅을 팠어요》, 《애너벨과 신기한 털실》, 《그날, 어둠이 찾아 왔어》, 《세모》, 《네모》, 《동그라미》 등이 있습니다. 주로 맥 바넷과 협업한 책들이 많지요.

이 책의 줄거리는요?

어느 날 생쥐 한 마리가 늑대에게 잡아 먹힙니다. "아우우 이럴 수가… 꼼짝 없이 죽고 말거야." 하고 소리를 지르는 순간, 좀 조용히 하라고 누군가 소리칩니다. 그때 불이 환하게 밝혀지고, 침대 위에 오리 한 마리가 앉아 있습니다. 오리는 한밤중에 웬 소란이냐고 생쥐에게 야단을 치지요. 생쥐가 한밤중이 아니고 아침이라고 말하자, 오리는 늑대 배 속에 창문이라도 하나 있으면 좋겠다고 말합니다. 둘은 이때부터 늑대 배 속에서 기상천외한 동거를 시작하게 되지요. 생활은 비교적 편안합니다. 필요한 것은 모두 늑대를 통해 다 구하여 사용하고 있습니다. 오리는 늑대 배 속에서 사는 것이 밖에서 사는 것보다 오히려 더 편안하다고 말합니다. 늑대에게 잡아 먹힐까 걱정할 필요가 없다는 것이지요.

둘은 심지어 늑대 배 속에서 파티를 열고 춤까지 춥니다. 그때 늑대의 배앓이는 말로 다 할 수 없었겠지요. 사냥꾼이 늑대의 신음 소리를 듣습니다. '탕!' 하고 총을 쏘았습니다. 그런데 너무 어두워 늑대를 맞히지는 못했습니다. 생쥐와 오리는 자기 집인 늑대를 지키기 위해 앞으로 돌진합니다. 놀란 사냥꾼이 도망을 갑니다. 늑대는 자기 목숨을 구해준 생쥐와 오리에게 고맙다고 인사를 합니다. 그리고 소원을 말하라고 합니다. 생쥐와 오리는 다시 늑대 배 속으로 들어가지요. 그때부터 늑대는 '아우우~' 하고 울부짖습니다.

이 책을 읽고 이렇게 이야기를 나누어보세요.

1. 이야기 알기
   1) 늑대와 오리와 생쥐는 어떻게 해서 함께 살게 되었나요?
   2) 이 이야기 중에서 제일 재미있는 부분은 무엇인가요?
2. 그림 자세히 살피기
   1) 본문 16쪽, 오리와 생쥐가 어떤 기분으로 춤을 추고 있는지 자세히 말해보세요.
   2) 이 책에서 오리의 모자는 모두 몇 개인가요? 왜 이렇게 모자가 많을까요?
3. 등장인물 되어보기
   1) 여러분은 어디에 있으면 가장 편안합니까? 어디에 있으면 가장 불안한가요?
   2) 오리와 생쥐가 늑대에게 '이제부터 잡아먹지 마'라고 말하고 바깥에서 자유롭게 살면 안 될까요?

이야기를 나눌 때 이런 점을 유의하세요.

1990년 초반부터 학교 교육은 서사적 사고 교육에 눈을 뜨기 시작했습니다. 학교 교육은 주로 논리·과학적 사고를 강조해왔지요. 그런데 우리의 삶은 논리·과학적으로만 설명되는 것은 아닙니다. 서사적 사고는 소위 '가설적 추리'를 할 수 있어야 가능한 사고입니다. 예를 들면, 어떤 아내가 "아 피곤해!"라고 말하면 남편은 "아, 아내가 오늘은 왜 이런 말을 할까? 아마, 이런 뜻, 아니면 또 이런 뜻?" 하면서 가설적으로 추리를 해야 아내의 말과 마음을 제대로 이해할 수 있지요. 이 책에는 가설적 추리를 요구하는 내용들이 참 많습니다. 오리는 왜 늑대 배 속이 편안하다고 말했는지, 오리와 생쥐는 왜 늑대 배 속으로 다시 들어갔는지, 늑대는 배앓이를 할지언정 왜 그들이 자기 배 속으로 다시 들어가게 했는지 가설적 추리를 해야 이야기가 온전히 이해됩니다. 이런 것들을 중심으로 이야기를 한번 나누어보시기 바랍니다.

book_ 95

글·그림_ 팻 허친스

옮김_ 김세실

출판사_ 봄볕

추천 연령_ 만 3~5세

주제_ 권선징악, 유머 즐김

로지의 산책

이 책은 어떤 책인가요?

유아문학교육을 전공하거나 그림책을 연구하는 학자들이 아주 좋아하는 책입니다. 그 이유는 이 책에 관해서 이론적으로 설명할 것이 너무 많기 때문입니다. 글과 그림의 관계, 개념지도, 간결한 글, 시공간의 표현, 반전구조, 반복표현, 그림책의 유머 등을 설명하기에 너무 좋은 책이지요. 그만큼 이 책을 통해서 아이들이 얻을 수 있는 것이 많다는 뜻이기도 합니다.

이 책이 지닌 특징을 몇 가지로 간략하게 설명하면, 우선 그림이 매우 밝고 화려하며 사실적입니다. 그리고 시공간의 흐름이 아주 잘 표현되어 있습니다. 글은 아주 짧고 간결합니다. 글과 그림의 관계가 매우 역동적이어서 책을 읽는 아이들이 쉽게 책에 몰입할 수 있습니다.

글만 보면 무슨 내용인지 잘 모를 수 있습니다. 그러나 시공간의 흐름이 잘 표현된 매우 사실적인 그림을 보면 이야기의 내용을 쉽게 이해할 수 있습니다. 그래서 이 책은 그림을 잘 보아야 합니다.

산책하는 암탉 뒤로 암탉을 꼭 잡아먹고야 말겠다는 여우가 뒤따르고 있습니다. 그러나 암탉 로지는 전혀 눈치채지 못하고, 느긋하고 우아하게 산책을 합니다. 평화로운 걸음입니다. 그러나 여우는 암탉에게만 눈이 멀어 주변의 갖가지 장애물들을 보지 못합니다.

아이들은 이런 유머러스한 여우와 아무것도 모르는 천진난만한 암탉의 모습을 웃음을 참아가며 보게 될 것입니다. 반전이 한 번이 아니라 여러 차례 일어납니다. 똑똑한 척은 혼자 다하지만 먹이에만 눈이 어두워 실수를 연발하는 여우에게 동정심이 일어날지도 모르겠습니다.

글은 암탉 로지에 대한 이야기를 하고 있고, 그림은 또 다른 주인공인 여우에 대해 이야기하고 있습니다. 이처럼 글과 그림이 다르게 전달하는 의미를 하나로 통합하는 능력을 키울 수도 있습니다. 빨강, 노랑, 주황색 등의 그림을 보면서 마음이 편안해지고, 에너지가 넘쳐나는 기분을 느끼기도 할 것입니다. 여러 차례 일어나는 반전을 통해 마음이 명랑해지기도 할 것입니다.

이 책의 작가는요?

이 책의 작가, 팻 허친스는 영국이 사랑하는 그림책 작가입니다. 영국의 요크셔의 노스 라이딩에서 일곱 아이 중 여섯 번째로 태어났습니다. 작가는 대학에서 일러스트레이션을 공부했으며, 졸업하고 광고 회사에서 잠깐 일을 하게 됩니다. 1966년에는 삽화가인 로렌스 허친스를 만나 결혼하고 뉴욕으로 이사를 가지요. 그곳에서 처음으로 그림책을 쓰게 되었고, 그것이 바로 《로지의 산책》입니다.

그 이후 팻 헛친스는 글을 쓰고, 남편은 그림을 그려 많은 그림책들을 만들어냈습니다. 작가가 쓰고 그린 그림책들로는 《자꾸자꾸 초인종이 울리네》, 《티치》, 《생일 축하해, 샘!》, 《바람이 불었어》 등의 주옥같은 작품들이 있습니다. 1974년 《바람이 불었어》로 케이트 그린어웨이 상을 받았습니다. 대부분의 책들은 화려하고 밝은 색상의 그림과 리듬과 운율이 있는 짧고 간결한 글로 아이들에게 사랑을 받고 있습니다.

이 책의 줄거리는요?

이 책의 글은 간단합니다. 암탉 로지가 산책을 나가 마당을 가로지르고, 연못을 돌아, 마른풀 더미를 넘어서, 방앗간을 지나, 울타리를 빠져나와, 벌통 밑을 지나, 저녁 식사 시간에 돌아왔어요가 전부입니다. 그림은 또 다른 이야기를 하고 있습니다. 산책하는 암탉 뒤로 암탉을 꼭 잡아먹고야 말겠다는 여우가 뒤따르고 있습니다. 그런데 여우는 여러 가지 장애물을 만나게 됩니다. 쇠스랑을 밟기도 하고, 연못에 빠지기도 하고, 마른풀 더미에 빠지기도 하고, 밀가루에 파묻히기도 하고, 벌집을 건드리기도 합니다. 먹잇감에만 눈이 먼 여우는 주변을 살필 여유가 없는 것이지요. 그러나 암탉 로지는 우아하게 산책을 마치고 저녁 시간에 맞추어 집으로 들어갑니다.

이 책을 읽고 이렇게 이야기를 나누어보세요.

1. 이야기 알기

1) 암탉은 어디로 어떻게 산책을 했나요?

   2) 암탉을 뒤따르는 여우는 어떤 일을 겪었나요?

 2. 그림 자세히 살피기

   1) 여우가 만난 장애물은 암탉에게는 없었을까요?

   2) 암탉은 어떻게 장애물의 위험을 당하지 않았을까요?

 3. 등장인물 되어보기

   1) 암탉이 여유롭게 산책할 때 어떤 기분이었을까요?

   2) 여우가 여러 가지 어려움을 당했을 때 어떤 기분이었을까요?

이야기를 나눌 때 이런 점을 유의하세요.

글과 그림이라는 두 개의 의사소통 방식으로 조화를 이루어내는 독특한 예술형식을 갖춘 책입니다. 아이들은 대체로 부모나 교사 혹은 다른 사람이 읽어주는 글을 들으면서 그림을 읽습니다. 글은 누가 무엇을 했는지 순서에 따라 이야기하는 선형적 방식으로 의미를 드러내고, 그림은 대상의 특징이 어떠한지를 묘사하고 표상하는 비선형적인, 즉 순환적 방식으로 의미를 드러냅니다. 한마디로, 이 책은 글과 그림이 서로 다른 기능을 하면서 상호작용하는 책이지요.

아이들이 그림책을 볼 때는 모두 똑같은 방식으로 읽지 않습니다. 글과 그림이 전달하는 수많은 조합들을 독자의 경험에 따라 각자의 방식대로 읽어냅니다. 글이 생략한 부분을 그림을 보며 이야기를 확대해 이해하기도 하고, 그림을 보면서 글이 무엇을 말할지

예상하고 기대하면서 이야기를 이해하고 감상합니다. 다시 말하면, 글에서 그림으로, 그림에서 글로 자유롭게 왔다 갔다 하면서 그림책을 봅니다. 한마디로, 아이들은 그림책을 볼 때 멈추어 자세히 보기도 하고, 다시 되돌아보기도 하면서 반복적으로 그림책을 읽습니다. 이 책은 특히 더 그렇습니다.

다시 말하면 아이들이 이 책을 읽을 때 전체적으로 읽은 다음 세세한 사항까지 다시 읽기도 하고, 세세한 사항을 잘 이해하고 전체적으로 다시 읽기도 하면서 그림책의 의미를 이해합니다. 이 책은 반복적으로 읽고 즐기기에 아주 좋습니다. 아이들이 원하기만 한다면 여러 번 반복해서 읽어주면 좋겠습니다.

book_ 96

글·그림_ 모 윌렘스

옮김_ 정회성

출판사_ 살림어린이

추천 연령_ 만 3~5세

주제_ 욕망과 좌절, 유머 즐기기

비둘기에게 버스 운전은 맡기지 마세요!

이 책은 어떤 책인가요?

 미국의 도서 관련 여러 단체에서는 '좋은 그림책'들을 선정해 부모나 교사들에게 추천하는 경우가 많습니다. 이때 빠지지 않고 추천 목록에 오르는 책이 바로 이 책입니다. 이 책이 참 좋은 책이라는 사실을 한눈에 알아보기 어려운 것은 배경이 없는 그림과 아무렇게나 쓴 글이 그렇게 눈길을 끌지 못할 수 있기 때문이지요. 무엇보다 아이들의 반응이 이 책이 좋은 책임을 입증합니다. 아이들은 이 책을 읽을 때 정말 깔깔거리며 읽고, 읽기에 몰입하는 것을 보면 분명 좋은 책이 맞는 것 같습니다.

 이 책은 아이들의 마음이 잘 그려져 있습니다. 저자는 어렸을 적 자신의 경험과 마음 상태를 더듬어 이 책을 만들지 않았나 생각합니다. 아이들에게는 금지된 것들이 참 많습니다. 그런데 아이들은 유난히 그 금지된 것들을 꼭 해보고 싶어 하지요. 아이들은 그것들이 왜 금지되는지조차 모를 때가 많습니다. 아이들은 부모님들에게 애원도 하고, 끈질기게 조르기도 하고, 협박도 하고, 화도 내보고, 협상을 해보기도 합니다. 그래도 안 되는 것은 안 되는 일입니다. 그럴 때 아이들은 기가 팍 죽어버리죠. 이 책은 바로 이런 모습을 그려놓은 이야기입니다.

비둘기 한 마리가 버스 운전을 해보고 싶어 합니다. 그러나 버스 운전사는 비둘기에게 절대로 버스 운전을 맡기지 말라고 부탁합니다. 비둘기는 애원도 하고, 조르기도 하고, 협상도 하고, 미끼도 던져봅니다. 그래도 안 되는 것은 안 됩니다. 비둘기는 두 발을 늘어트리고, 고개를 푹 숙입니다.

이 책은 특별한 유형의 책입니다. 작가와 독자와 등장인물이 함께 대화를 나누는 소위 '상호작용적 책(interactive books)'입니다. 포스트모던 그림책들 중에는 간혹 이런 기법을 사용하는 책들이 있습니다. 저자가 독자를 책 속으로 끌어들여 독자가 마치 등장인물 중 하나처럼 역할을 하게 만드는 책이지요. 등장인물이 독자에게 부탁을 하고, 독자가 대답해야만 책을 읽을 수 있는 현대 그림책 중 하나입니다.

이 책의 작가는요?

이 책의 작가 모 윌렘스(Mo Willems, 1968~)는 동화작가, 애니메이터, 성우, 그림책 작가, 만화가, 어린이 TV 방송 작가 등 그 이름만으로도 알 수 있듯이 어린이와 관계되는 일이라면 무엇이든 다 한다고 보면 될 것 같습니다. 그는 시카고 교외에서 태어나 뉴올리언스에서 성장했습니다. 그곳에서 학교를 졸업하고, 뉴욕대학의 예술학교에서 공부했습니다. 대학을 졸업하고 1년 동안 세계를 돌아다니며 매일 만화를 그렸다고 합니다.

작가는 어린 시절부터 그림을 그리는 데 남다른 소질이 있었던 것 같습니다. 3~4세에 이미 인물 그림들을 그렸고 그 인물들에 대해 이야기를 만들어 다른 사람들에게 보여주곤 했지요. 그때 사람들의 반응을 보고, 자신이 그린 그림과 이야기가 얼마나 재미있는지 눈치챘다고 합니다. 그래서인지 그의 작품들은 대부분 아이들의 생활에서 볼 수 있는 평범한 소재들을 중심으로 아이들의 감정과 유머를 잘 전달하는 걸로 유명하지요. 그림책의 유머를 연구하는 학자들이 그의 작품들을 연구 대상으로 삼기도 합니다.

《비둘기에게 버스 운전은 맡기지 마세요!》, 《꼬므 토끼》(Knuffle Bunny), 《내 토끼 어딨어?》로 세 차례나 칼데콧 명예상을, 2008년과 2009년에는 닥터 수스 상을 수상했으며, 〈뉴욕타임스〉에서 '2000년대 가장 새로운 인재'라는 칭호를 받았습니다.

다른 작품들로는 '비둘기' 시리즈, '내 토끼' 시리즈, '코끼리와 꿀꿀이' 시리즈 외에 《정말 정말 한심한 괴물, 레오나르도》, 《쉬 할 시간이야!》 등 독창적인 그림책들이 많이 있습니다.

이 책의 줄거리는요?

이야기는 비둘기가 머릿속으로 버스 운전을 상상하는 장면부터 시작됩니다. 그런데 버스 기사 아저씨가 나타나서 독자들에게 자기가 잠깐 자리를 비울 동안에 "비둘기에게 버스 운전은 맡기지 마세요"라고 부탁합니다. 이제 비둘기가 나타나 독자에게 말을 걸기 시작합니다. "저 아저씨! 제가 버스를 운전해도 될까요?", "버스 운전 좀 하게 해주세요.", "조심조심 운전할게요.", "그냥 버스를 조금만 움직이게만 할게요." 등 온갖 회유성 발언을 합니다. 나중에는 협박도 하고, 화도 내보고, 거래 제시도 해봅니다. 그때마다 독자는 "안 돼!"라고 소리쳐야 하겠지요. 그러는 동안 버스 기사 아저씨가 돌아오고, 비둘기는 좌절하여 머리를 푹 숙이고 맙니다.

이 책을 읽고 이렇게 이야기를 나누어보세요.

1. 이야기 알기

    1) 비둘기가 버스 운전을 하기 위해 무슨 말들을 했나요?

    2) 비둘기는 왜 버스 운전을 하지 못했을까요?

2. 그림 자세히 살피기

    1) 면지에서 비둘기는 지금 무슨 생각을 하고 있을까요?

    2) 본문 25~26쪽, 비둘기는 지금 어떻게 말을 하고 있나요? 흉내내봅시다.

3. 등장인물 되어보기

    1) 끝내 버스 운전을 하지 못한 비둘기는 어떤 마음이었을까요?

이야기를 나눌 때 이런 점을 유의하세요.

이 책은 앞에서도 말했듯이 좀 특별한 유형의 책입니다. 기존 그림책들의 서사 방식과 많이 다르지요. 작가가 책 내용을 전개해 나가는 것이 아니라 책 속의 등장인물이 독자에게 말을 걸고, 함께 이야기를 주고받으면서 이야기가 전개되는 방식입니다. 처음에는 버스 기사 아저씨가 "비둘기에게 버스 운전은 맡기지 마세요"라고 독자에게 말을 걸어옵니다. 곧이어 비둘기가 지속적으로 독자를 응시하고 독자에게 말을 걸어옵니다. 독자는 시점이나 거리의 변화에 따라 등장인물이 다가오기도 하고, 사라지기도 하는 것을 느끼면서 적절한 대답을 하게 되지요. 독자가 이야기의 전개에 참여하는 서사 방식입니다. 이런 서사 방식의 이야기는 아이들에게 상당한 재미와 즐거움을 줍니다. 비둘기가 운전을 하게 해달라고 애원을 하고, 그때마다 독자는 "안 돼"라고 소리치면서 함께 이 책을 읽어 나가면 참 재미있을 것입니다.

book_ 97

글·그림_ 고미 타로

옮김_ 이종화

출판사_ 비룡소

추천 연령_ 만 3~5세

주제_ 유머 즐기기

악어도 깜짝, 치과 의사도 깜짝!

이 책은 어떤 책인가요?

많은 아이들이 치과에 가기 싫어하지요? 아직 치과에 가보지 않은 아이들이나 치과에 가는 것을 좋아하는 아이들에게는 이 책이 그리 재미있게 느껴지지 않을지도 모르겠습니다. 치과에 가기 싫어하는 아이의 마음을 간결한 언어로, 단순한 채색으로 잘 표현한 책입니다. 이 책은 글이 별로 없기 때문에 아이들 스스로 생각할 수밖에 없습니다. 요즘 아이들은 병원들이 매우 친화적이어서 치과에 가는 것이 그리 무섭지 않을 수도 있습니다. 어쨌거나 아이가 자라면서 치과에 가지 않을 수는 없으니 이런 책들도 한번 읽어보면 좋겠습니다.

살다 보면 두렵고, 하기 싫은 일도 있습니다. 하기 싫은 일이지만 해야 할 때가 있지요. 또 싫은 감정도 내색하지 말아야 할 때도 있습니다. 이 이야기는 악어도 치과 의사도 영 내키지 않으나, 어쩔 수 없이 치료를 받아야 하고 치료를 해주어야 하는 이야기입니다. 둘은 서로 다른 마음, 다른 느낌이지만 같은 말을 외마디로 합니다. 둘이 똑같이 놀라고, 똑같이 한숨을 쉽니다. 헤어질 때는 똑같이 고맙다고 절을 합니다. 둘은 똑같이 다시 만나고 싶지 않다고 생각합니다. 위트가 넘치는 책입니다. 악어와 치과 의사는 똑같은 말을 하지만, 둘은 서로 다른 의미로 말하고 있다는 것을 아이들은 잘 압니다. 그런 유머를 즐길 것입니다.

이 책의 작가는요?

이 책의 작가, 고미 타로(五味太郞, 1945~)는 일본 도쿄에서 태어났습니다. 구와자와 디자인 연구소 공업디자인과를 졸업했습니다. 그림을 그리기보다 이야기 만들기를 좋아한다고 합니다. 28세에 첫 책을 출간했고, 2020년 현재 350여 권의 책을 출간했습니다. 30여 권의 책은 세계 여러 나라 말로 출간되었습니다. 다작을 하는 작가이지요. 그의 책들은 대부분 글과 그림이 간결하고 단순하며 위트가 넘칩니다. 작가는 라이프치히국제도서전의 '세계에서 가장 아름다운 책 상', 일본의 '산케이 아동 문학상', '고단샤 그림책 상' 등을 받았습니다. 주요 작품들로는 《뭐든지 할 수 있어》, 《바다 건너 저쪽》, 《저런, 벌거숭이네!》, 《아빠는 미아》, 《뭐? 나랑 너랑 닮았다고!?》, 《창문으로 넘어온 선물》, 《할머니의 밥상》, 《금붕어가 달아나네》 등이 있습니다.

이 책의 줄거리는요?

악어가 이가 많이 아픈 모양입니다. 치과에 가는 것을 두려워합니다. 그러나 가지 않을 수 없습니다. 악어는 두려움에 떨면서도 할 수 없이 치과를 찾아갑니다. 치과에 도착했습니다. 악어도 깜짝, 치과 의사도 깜짝 놀랍니다. 둘은 같은 말로 두려움을 표현합니다. 둘의 두려움은 이유나 종류가 다릅니다

  짧고 간결한 문장으로 악어가 한마디 말을 내뱉고, 치과 의사가 또 한마디 말을 내뱉습니다. 같은 말이지만 다른 관점의 말입니다. 정말 웃음이 절로 나는 이야기입니다. 재치가 넘쳐나는 이야기입니다. 치료를 다 끝내고, 서로 감사하다는 말을 합니다. 책에는 써 있지 않지만 아마 내년에 다시 만나자고 말을 했을지도 모르겠습니다. 그렇지만 둘은 정말 다시 만나고 싶지 않습니다.

이 책을 읽고 이렇게 이야기를 나누어보세요.

1. 이야기 알기

  1) 악어는 왜 "어떡하지"라고 말했을까요? 치과 의사는 또 왜 "어떡하지" 하고 말했을까요?

  2) 악어는 무엇이 무서웠을까요? 치과 의사는 또 무엇이 무서웠을까요?

2. 그림 자세히 살피기

  1) 본문 15~16쪽, 악어와 치과 의사는 각각 무엇을 각오했을까요?

  2) 본문 19~20쪽, 치료하면서 악어와 치과 의사는 왜 눈물을 찔끔 흘리고 있을까요?

3. 등장인물 되어보기

  1) 여러분은 치과에 가기를 좋아하나요? 치과에 가기 전 악어

는 어떤 마음이었을까요?
2) 악어를 치료해주고 난 다음 치과 의사는 어떤 마음이었을까요?

이야기를 나눌 때 이런 점을 유의하세요.

이 책은 언어를 유희적으로 사용한 대표적인 그림책입니다. 언어유희는 언어를 재치 있고 재미나게 사용함으로써, 웃음을 유발하는 정교하고 복잡하고 종합적인 언어활동입니다. 이것은 단순히 소모적 놀이라기보다는 즐겁고 유쾌한 언어적 소통이라고 보면 됩니다. 이런 능력은 처음부터 그저 주어지는 것이 아니라 유희적인 언어 사용을 많이 해봄으로써 점진적으로 생기는 능력입니다. 언어를 재치 있고 재미나게 사용한다는 건 조화로운 언어적 소통을 포괄하는 것이지요. 언어 경험이 풍부하지 않은 사람들은 절대로 이런 언어유희를 사용할 수 없습니다.

언어유희도 여러 가지 유형이 있는데, 이 책에서 사용한 언어유희는 같은 말을 다른 맥락에서 사용한 유형입니다. 이 책을 읽을 때는 아이들이 이런 언어적 유희를 인식할 수 있도록 도와주는 것이 좋습니다. 예를 들면, 악어가 "어떡하지" 하고 말하는 것은 '의사 선생님이 치료할 때 아프면 어떡하지?'라는 뜻이고, 치과 의사가 "어떡하지"라고 말하는 것은 '내가 치료할 때 저 악어가 나를 물면 어떡하지?'라는 말입니다. 아이들이 이처럼 '같은 말', '다른 맥락'을 이해하면 재미있어 할 것입니다. 이 책을 다 읽고 나면 유쾌한 기분이 됩니다. 이 책을 읽을 때 악어가 "어떡하지"라고 말하면,

부모나 교사는 "뭘?" 하는 식으로 물어보는 것도 좋습니다. 그러면 아이들이 깔깔거리며 설명하겠지요. 앞의 질문들도 이런 차원에서 구성된 것들입니다.

book_ 98

글·그림_ 마르타 알테스

옮김_ 이순영

출판사_ 북극곰

추천 연령_ 만 4~7세

주제_ 강아지 사랑, 유머 즐기기

안돼!

이 책은 어떤 책인가요?

한 번 읽고 나면 입가에 웃음이 번지는 책입니다. 아이들이 읽고, 또 읽고를 반복하는 책입니다. 아마존의 독자 평에는 아이들이 이 책을 읽고 나면 반복해서 읽어주기를 요구하고, 또 읽을 때마다 깔깔거리며 웃는다는 평이 많습니다. 이 책은 부모님들이 읽어주지 않아도 아이 혼자서도 재미있게 읽을 수 있는 책입니다. '다시 읽기 상(Read it again awards)'를 받은 책이기도 합니다. 유머를 이해하고 사용하는 일은 고도의 사고 작용이지요. 저절로 생각하게 만드는 책이기도 합니다.

책의 주인공인 강아지가 자기가 저지르는 일들이 가족들이 얼마나 싫어하는 일인지, '안돼!'는 결코 자기 이름이 아니라는 것을 모릅니다. 그러나 독자는 다 알고 있지요. 이것이 독자로 하여금 우월감을 가지게 하고, 웃게 만드는 요인입니다. 그림책의 유머를 연구하는 연구자들은 이런 요소들을 아주 중요하게 다룹니다.

이 책은 수채화 물감과 색연필을 사용해 귀엽고 사랑스러운 캐릭터를 아주 따뜻하게 그려낸 책입니다. 이런 캐릭터는 그냥 만들어지는 것이 아니라 작가가 매우 관심을 가지고 계속 관찰해야 가능합니다. 특히 앞 면지에 나오는 강아지의 각종 몸짓들은 상상만으로 절대 그려낼 수 없는 것이지요. 이렇듯 작품의 캐릭터는 그냥 나온 것이 아니라 작가의 관심과 사랑에서 나옵니다. 작가가 따뜻한 시각으로 이 캐릭터를 바라보고 있는 만큼 독자들도 마음이 따뜻해집니다.

이 책의 작가는요?

이 책의 작가, 마르타 알테스(Marta Altes, 1982~)는 스페인 바로셀로나에서 태어나 그래픽 디자인을 공부했습니다. 어려서부터 그림을 좋아했고 그래픽 디자이너로 5년 정도 일하다가, 그림책 작가가 되고 싶어 영국으로 건너가 케임브리지대학교에서 어린이 그림책 일러스트레이션 학과에서 석사 과정을 마쳤습니다. 작가는 이것이 자신의 인생에서 가장 잘한 일이라고 말합니다. 케임브리지를 졸업하면서 졸업 작품으로 만든 것이 바로 《안돼!》입니다. 다른 책으로는 《우리 할아버지》, 《나는 우리 집 왕》, 《작은 꼬마 원숭이의 아주 큰 모험》, 《나는 세상에서 가장 대단한 예술가》 등이 있습니다. 모두 귀엽고 사랑스러운 캐릭터가 특징이고, 웃음이 번지는 책들입니다.

이 책의 줄거리는요?

주인공 뭉치는 그야말로 사고뭉치입니다. 자기는 매우 착하고,

가족들은 언제나 자기를 "안돼!"라고 부른답니다. 그래서 자기 이름이 '안돼'라고 말합니다. 그는 밖에 나가면 가족들을 위해 빨리 달리고, 식탁 위에 차려진 음식은 가족들이 먹기 전에 먼저 맛을 보고, 마당에 구덩이를 파서 가족들을 위해 보물을 찾아낸다고 합니다. 진흙덩이로 몸치장을 하고, 가족들의 잠자리는 온통 다 더럽혀놓고, 신문지는 다 헝클어놓습니다. 배고프면 쓰레기통을 뒤지고, 널어놓은 빨래는 다 물어뜯습니다. 그러니 가족들은 그때마다 "안 돼!"라고 소리칠 수밖에 없지요. 그의 목줄에 붙은 이름표의 내막을 '뭉치' 자신만 모릅니다.

이 책을 읽고 이렇게 이야기를 나누어보세요.

1. 이야기 알기
   1) 가족들은 뭉치를 보고 왜 "안돼!", "안돼!"라고 소리를 질렀나요?
   2) 가족들은 뭉치를 정말 사랑했을까요?
2. 그림 자세히 살피기
   1) 뭉치가 가족들을 위해 한 일들은 정말 잘한 일일까요? 그림들을 보면서 말해봅시다.
   2) 본문 13~14쪽, 뭉치 가족들은 뭉치가 일을 저질렀을 때 기분이 어땠을까요?
3. 등장인물 되어보기
   1) 뭉치가 한 일을 흉내내봅시다.

이야기를 나눌 때 이런 점을 유의하세요.

이 책은 글과 그림이 서로 다른 이야기를 하는 책입니다. 글은 뭉치 입장에서 말하고, 그림은 독자의 시점에서 뭉치가 한 일을 객관적으로 보게 합니다. 주인공만 모르고 독자들은 다 알게 하는 기법을 글과 그림의 관계를 이용하여 잘 표현하지요. 독자들만 아는 사실을 아이들이 크게 뽐내며 말해보게 하면 이 책의 재미를 더하게 할 것입니다.

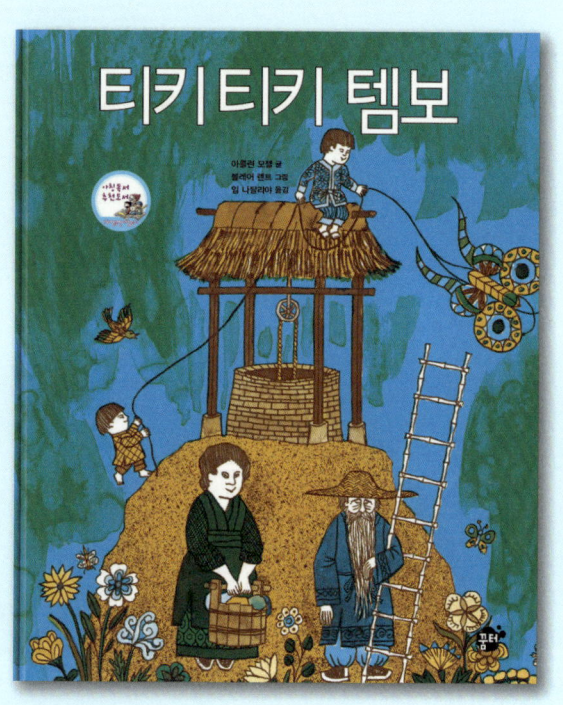

book_ 99

글_ 아를린 모젤

그림_ 블레어 렌트

옮김_ 임 나탈리야

출판사_ 꿈터

추천 연령_ 만 3~5세

주제_ 이름의 의미

티키 티키 템보

이 책은 어떤 책인가요?

아를린 모젤(Arlene Mosel)이 글을 썼고, 몇 번이나 칼데콧 상을 수상한 블레어 렌트(Blair Lent)가 그림을 그린 책입니다. 글은 아를린 모젤이 어린 시절 자주 듣고 즐겨 암송했던 중국 민담을 개작하여 만든 것이라고 합니다.

사람의 이름은 참 중요하지요? 우리네 부모들은 아이의 이름을 매우 신경 써서 짓곤 합니다. 부모는 자식에게 좋은 이름을 지어줄 의무가 있고, 그 이름대로 살아가기를 기도해줄 의무가 있습니다. 이름이 길다고 존귀한 사람이 되는 건 절대 아닌 것 같습니다. 좋은 이름을 지어주고 그 좋은 의미를 설명해주며, 그런 이름대로 살아가기를 기도해주면, 아이는 자기 이름값을 하며 살아가려고 노력할 것입니다.

이 책은 한 번 읽으면 그 소리와 리듬이 아이들의 머릿속에서 떠나지 않고 맴돌게 하는 이상한 힘을 지닌 책입니다. 제가 미국의 한 어린이집에서 교생 실습할 때의 이야기입니다. 그 교실의 담임 교사는 인디언으로, 그녀는 정말 타고난 교사였지요. 하루는 그가 이 책을 아이들에게 읽어주었고, 함께 읽고 난 다음 그것을 읽기 영역에 비치해두었습니다. 그날은 교실이 온통 야단법석이었습니다. 아이들 모두 읽기 영역에 들어갔다 나왔다 반복하면서 오디오를 틀고 이 책을 보는 것입니다. 나와서는 "티키 티키 템보-노 사 렘보-차리 바리 루치-핍 페리 펨보"라고 외쳐대며 교실을 돌아다녔지요. 그날 하루뿐만 아니라 얼마간은 아이들이 교실을 돌아다녀도 그냥 돌아다니지 않고, "티키 티키 템보-노 사 렘보-차리 바리 루치-핍 페리 펨보"라는 소리를 외쳐대며 돌아다녔습니다. 아이들은 뭔가 매우 신나는 표정이었고, 신나는 목소리였습니다. 1968년에 출간되었고, 지금까지 100만부 이상 팔렸다고 합니다. 칼데콧 상을 수상했고, 동양화풍의 그림으로 여백의 미를 자랑합니다.

이 책의 작가는요?

이 책의 글 작가 아를린 모젤(1921~1996)은 오하이오 클리블랜드에서 태어났으며, 오하이오 웨슬린대학에서 학부를 졸업하고, 도서관학으로 석사 학위를 취득했습니다. 작가는 이 책으로 보스톤 글로브 혼북 상과 《별나게 웃음 많은 아줌마》으로 칼데콧 상을 수상했습니다.

이 책의 그림 작가, 블레어 렌트(1930~2009)는 그림 작가인 동시에 글 작가이기도 합니다. 1968년에 이 책을 출간하면서 유명해졌지만, 그 이후에도 아를린 모젤이 쓴 《별나게 웃음 많은 아줌마》로 칼데콧 상을 수상하는 등 미국이 인정하는 그림 작가입니다. 미국 보스톤에서 태어났고, 보스톤 박물관 학교를 다녔습니다. 처음에는 광고 회사에서 디자인 일을 했다고 합니다. 작가는 유화, 색연필, 잉크, 수채화 등 다양한 매체를 사용해서 그림을 그립니다.

이 책의 줄거리는요?

중국 어느 작은 마을에 사는 한 엄마가 아들의 이름을 좀 유별나게 지어주었습니다. 큰아들은 '이 넓디넓은 세상에서 가장 고귀한 사람'이라는 의미로 '티키 티키 템보-노 사 렘보-차리 바리 루치-핍 페리 펨보'라고 지어주었고, 둘째 아들은 '별로 중요하지 않은 사람'이라는 뜻의 '챙'이라고 지었습니다.

엄마는 두 아들을 데리고 개울가로 빨래를 하러 갔습니다. 개울가 근처에는 우물이 있었습니다. 두 아들에게 우물가는 위험하니 그곳에는 가지 말라고 부탁을 했습니다. 그러나 두 아들은 우물가로 갔고, 장난을 치며 놀다 작은아들 '챙'이 우물에 빠졌습니다. 큰아들은 쏜살같이 엄마에게 달려가 '챙'이 우물에 빠졌다고 말합니다. 엄마는 큰아들에게 빨리 사다리 할아버지에게 달려가 '챙'이 우물에 빠졌다고 말하라고 하고, 사다리 할아버지는 재빨리 사다리를 가지고 가서 '챙'을 건져냅니다.

두 아들은 한동안 우물가에 가지 않다가 또 갑니다. 이번에는 큰아들, '티키 티키 템보-노 사 렘보-차리 바리 루치-핍 페리 펨보'가 우물에 빠집니다. 작은아들 '챙'이 쏜살같이 달려와 엄마에게 "티키 티키 템보-노 사 렘보-차리 바리 루치-핍 페리 펨보가 우물에 빠지고 말았어요!"라고 말합니다. 그러나 이름이 너무 길어 발음도 제대로 되지 않고, 엄마는 존귀한 형의 이름을 그렇게 부른다고 다시 말하게 합니다. 그러기를 여러 번, 그러는 사이 시간이 많이 흘렀고, 사다리 할아버지에게 가서도 마찬가지로 시간을 허비합니다.

드디어 큰아들을 우물 속에서 건져내지만 이미 시간을 많이 지체한 뒤라 회복하기에 많은 어려움을 겪습니다. 이후 중국 사람들은 이름을 짧게 지었다고 합니다.

이 책을 읽고 이렇게 이야기를 나누어보세요.

1. 이야기 알기
   1) 엄마는 큰아들의 이름을 왜 이렇게 길게 지었을까요?
   2) 중국 사람들이 아이들의 이름을 짧게 짓게 된 이유는 무엇일까요?

2. 그림 자세히 살피기
   1) 본문 17~18쪽, 두 아들이 우물가에서 어떻게 놀고 있나요? 손에 든 것은 무엇일까요?
   2) 본문 33~34쪽, 작은아들이 사다리 할아버지에게 간 사이 엄마는 무엇을 하고 있나요?

3. 등장인물 되어보기
   1) 형과 동생이 각각 우물에 빠졌을 때 각자는 어떤 마음이었을까요?
   2) 엄마와 사다리 할아버지가 '챙'의 말을 알아듣지 못하고 자

꾸만 다시 말하라고 했을 때 '챙'의 마음은 어땠을까요?

이야기를 나눌 때 이런 점을 유의하세요.

그림책에도 리듬이 있습니다. 그림책의 리듬은 이야기에 활기와 색, 흥미를 주지요. 리듬(rhythm)은 '흐르다'라는 의미를 가지고 있습니다. 그림책은 아이들이 혼자 읽는 경우도 있지만 어른들이 읽어주는 경우가 많지요. 리듬이 있다는 것은 읽어주는 소리에 자연스러운 흐름이 있다는 뜻입니다. 이 책은 특별히 리듬이 강렬한 책입니다. 아이들이 이 책을 읽으면서 자연스럽게 이 소리의 흐름을 즐기게 하십시오. 이야기의 내용이나 주제 의식은 자연스럽게 따라옵니다. 너무 교훈을 찾으려 애쓰지 말고 아이들이 책의 리듬을 마음껏 즐길 수 있도록 도와주십시오. 좀 시끌벅적한 것을 참으시기 바랍니다. 아이들이 리듬을 즐긴다는 것은 선생님이나 부모님의 일방적 읽기가 아니라 아이들이 함께 읽고 즐긴다는 뜻입니다.

book_ 100

글·그림_ 투페라 투페라

옮김_ 김효묵

출판사_ 노란우산

추천 연령_ 만 3~5세

주제_ 유머, 재미 즐기기

판다 목욕탕

이 책은 어떤 책인가요?

일러스트, 만들기, 애니메이션, 무대미술 등을 주로 하는 일본의 작가 그룹인 투페라 투페라가 그림을 그리고, 글을 쓴 책입니다. 이 책은 판다 가족이 목욕탕에 간 이야기입니다. 일본에는 우리나라처럼 대중목욕탕이 있는 것 같고, 그것은 우리나라의 것과 모양이 흡사한 것 같습니다. 이 책은 읽으면 그냥 즐겁고, 유쾌해집니다. 이 책에서 작가들은 어린 독자들에게 무엇인가를 가르치려 애쓰지 않습니다. 그림은 매우 선명하고, 사실적이며, 인물들을 이쁘게 그려놓았습니다. 색감도 매우 차분합니다. 판다는 전체적으로 몸이 까만 부분과 흰 부분으로 되어 있는 것 같습니다. 아니 까만 몸에 흰옷을 입은 것 같습니다.

책의 표지를 한 번 보세요. 엄마, 아빠, 아기 판다가 목욕탕 앞에서 서로 손을 잡고 떡 버티고 서 있습니다. 그런데 오른쪽 위, 제목 바로 아래에 '쉿!'이라는 글자가 빨간색 원 속에 있습니다. 우리는 언제 '쉿!'이라는 말을 하나요? 뭔가 비밀을 지키라고 할 때 쓰는 말 아닐까요? 이 책 속에 무슨 비밀이 들어 있길래 이런 글자를 이렇게 써놓았을까요? 표지는 앞으로 나오게 될 이야기를 암시하고, 독자가 궁금증을 가지고 책을 펼치게 하지요. 이 비밀에 대해서 글은 한마디도 하지 않습니다. 그 비밀은 독자가 책의 그림을 보면서 찾아내야 합니다. 글은 짧고, 간결하게 한 마디씩 던지지만 그림이 전하는 이야기를 너무 달리 해석하지 않도록만 하고 있습니다.

이 책의 작가는 우리들의 생활 속에서 흔히 볼 수 있는 일을 소재로 이렇게 재미있는 그림책을 만들어놓았네요. 아이들은 이 그림책을 볼 때 아마도 돋보기를 갖다대듯이 하나하나씩 그림을 살피게 될 것입니다. 이것은 아이들에게 큰 즐거움을 줄 겁니다. 이 책은 처음 볼 때, 두 번째 볼 때, 반복해서 다시 볼 때 재미가 훨씬 더 해지는 요술 방망이 같은 책입니다.

이 책의 작가는요?

이 책의 작가, 투페라 투페라는 일본의 카메야마 데츠야와 나카가와 아츠코가 만든 작가 그룹입니다. 도쿄에서 디자인과 그림을 중심으로 활동하고 있는데 일본뿐 아니라 여러 나라 아이들로부터 사랑을 받고 있습니다. 2002년부터 활동을 시작하였으며 주로 오브제를 이용해서 작업을 많이 합니다. 지금도 여전히 그림책과 일러스트를 비롯하여 만들기 교실, 체험 교실, 애니메이션, 무대미술 등 여러 분야에서 폭넓게 활동하고 있습니다. 심오한 주제를 전달하기보다 아이들에게 재미를 주는 작품들을 많이 만들고 있지요.

쓰고 그린 그림책으로 《과일이 툭!》, 《채소가 쑥!》, 《양배추 행성 동물도감》, '카오노트' 시리즈, 《곰돌이 팬티》 등이 있습니다. 《곰돌이 팬티》로 제18회 일본 그림책 상 독자상을 수상했습니다.

이 책의 줄거리는요?

표지에 엄마, 아빠, 아기 판다가 목욕탕 앞에 떡 버티고 서 있습니다. 그리고 '쉿!'이라고 써 있습니다. 표지를 열고 본문으로 들어가면 먼저 안내판에 판다 외에는 들어올 수 없다고 써 있습니다. 아마도 표지의 '쉿!'과 이 안내판에 따라 곧 비밀스러운 일이 전개될 것 같습니다. 달력처럼 벽에 걸려있는 '주의 사항'에는 옷을 잘 챙기라고 말합니다. 옷이 비슷해서 바뀌기 쉽다고요. 어떤 옷일까요? 판다들은 모두 까만색 옷만 입는 것 같습니다. 반전입니다. 판다의 까맣고, 커다란 눈은 눈이 아니라 선글라스였네요. 옷을 벗고, 목욕탕에 들어가 목욕을 하는 모습이 우리네 대중목욕탕과 비슷합니다. 목욕하는 과정을 그림으로 보여주며 우리의 평소 생각을 완전히 뒤엎어놓습니다.

이 책을 읽고 이렇게 이야기를 나누어보세요.

1. 이야기 알기
   1) 판다의 몸은 어떤 색인가요?
   2) 아빠 판다는 목욕을 마치고 난 다음 아기 판다에게 무엇을, 왜 발라주었나요?
2. 그림 자세히 살피기
   1) 이 책에서 제일 재미있는 장면을 골라 그것이 왜 재미있는

지 말해 보세요.

　2) 본문 14쪽, 목욕을 하자 판다의 몸이 어떻게 변했나요?

3. 등장인물 되어보기

　1) 아기 판다는 목욕하는 것을 좋아했을까요?

　2) 여러분은 목욕탕에 가본 적이 있나요? 그때의 기분은 어땠나요?

이야기를 나눌 때 이런 점을 유의하세요.

　이 책은 '대위법적 어울림의 그림책'입니다. 그림책은 글과 그림으로 이야기를 전해주는 책이라고 했습니다. 이야기는 우리들의 삶을 진술해놓은 것이지요. 그림책의 이야기를 제대로 이해하려면 글도 읽어야 하고, 그림도 읽어야 합니다. 한 권의 책 속에서 글과 그림이 각각 고유의 기능들을 하면서 이 둘이 하나로 어우러져 글만으로 혹은 그림만으로 전달할 수 없는 새로운 이야기를 만들어 내기 때문입니다.

　이렇게 글과 그림이 잘 어우러져 멋진 이야기를 전하는 그림책을 '대위법적 어울림의 그림책'이라고 합니다. '대위법'이라는 말은 음악에서 빌려온 용어인데 두 개 이상의 다른 선율을 통합하여 하나로 어우러지는 멋있는 음악을 만들어내는 기법을 말합니다. 이런 책들은 글과 그림의 관계를 생각하며, 그림을 자세히 살펴야 합니다. 그림을 자세히 살피기 위해서는 시간을 충분히 주어야 합니다. 아이들은 아직 대중목욕탕을 경험하지 못했을 수도 있겠지요? 이 그림책을 아이와 같이 읽고, 함께 목욕탕에 한번 가보시면 이 책의 효과는 더 커지지 않을까요?

book_ 101

글·그림_ 이지은

출판사_ 웅진주니어

추천 연령_ 만 3~5세

주제_ 재치, 웃음

팥빙수의 전설

이 책은 어떤 책인가요?

 글과 그림의 어우러짐이 아주 훌륭한 그림책입니다. 글은 간결하지만 적절하게 그림의 단서를 제공하고, 그림은 다음에 나올 글을 기대하게 만듭니다. 마치 두 선율이 어우러져 훌륭한 음악을 만들어내는 것과 같습니다.

 우리 그림책에는 호랑이가 자주 등장하지요. 이 책은 그중에서도 《해와 달이 된 오누이》의 이야기 구조와 대사가 비슷합니다. '떡 하나 주면 안 잡아먹지'가 '맛있는 거 주면 안 잡아먹지'로 변해 있습니다. 소위 옛이야기를 패러디한 그림책이지요. 패러디 그림책은 옛이야기를 현대적 감각으로 비틀고, 새로운 상상을 더해 책을 읽는 사람에게 유쾌한 감정과 웃음을 줍니다.

 특히 이 책은 눈호랑이와 할머니의 캐릭터를 아주 재미나고 멋지게 그려내어 어린 독자들이 저절로 웃음이 팡 터지게 하는 책입니다. 눈호랑이는 평소 생각하던 무시무시한 호랑이가 아니라 어딘지 장난기가 있어 보이고 순하디 순한 모습입니다. 할머니는 두려움에 덜덜 떠는 모습이 아니라 용맹하고 거침이 없지만 사랑스러운 모습입니다. 작가는 《해와 달이 된 오누이》에서 아이디어를 가져왔지만, 작가의 무한 상상력을 보태어 완전히 새로운 이야기를 만들어내고 있습니다. 팥빙수의 유래를 호랑이에 대한 전래동화가 얽힌 이야기로 빚어낸 작가의 상상력은 아무리 칭찬해도 부족할 것 같습니다. 팥빙수를 한 사발 먹을 때마다 생각이 날 것 같은 이야기입니다.

이 책의 작가는요?

이 책의 작가, 이지은은 가천대학교와 영국 브라이턴대학교에서 디자인을 공부했습니다. 그동안 다른 사람이 써놓은 글에 그림을 많이 그렸고, 《빨간 열매》를 시작으로 글과 그림을 동시에 작업하고 있습니다. 10여 년 넘게 디자이너로 일해오다가 자신의 이야기를 하고 싶다는 열망이 생겨 그림책을 쓰기 시작했다고 합니다.

어느 날 오토바이에 끌려다니는 백구 기사를 보고 하루 종일 마음이 불편해서 푸른 잔디 위에서 마음껏 뛰노는 백구 그림을 그리면서 마음을 달랬다고 합니다. 그것이 계기가 되어 그림책을 공부하고 그리게 되었다고 합니다. 동물에게서 영감을 많이 얻고, 머릿속에 해야 할 이야기가 떠오르면 집중적으로 캐릭터를 개발한다고 합니다.

작가가 쓰고 그린 다른 그림책으로는 《빨간 열매》, 《종이 아빠》, 《할머니 엄마》, 《이파라파냐무냐무》, 《친구의 전설》 등이 있습니다. 그린 그림책으로는 《이닭기 대장이야!》, 《선이의 이불》, 《난쟁이 범 사냥》, 《감기책》 등이 있습니다.

이 책의 줄거리는요?

맨 먼저 주인공인 할머니가 독자에게 말을 겁니다. "얼른 모여 봐. 지금부터 엄청 재미난 얘기를 해 줄 거여." 할머니는 어푸어푸 세수를 하고, 밥을 냠냠 맛있게 먹고, 빨간 보자기를 질끈 머리에 메고 밭으로 나갑니다. 헤헤 웃으면서 수박과 참외와 팥을 따고, 딸기는 내일 따기로 미룹니다. 팥으로는 달달 구수한 단팥죽을 만듭니다. 다음 날 할머니는 시장에 과일과 단팥죽을 팔러 나가지요. 그런데 장에 가는 도중에 눈이 내립니다. 따뜻한 날 눈이 내리면 눈호랑이가 나온다고 했는데 아니나 다를까 눈호랑이가 등장합니다.

눈호랑이는 어김없이 "맛있는 거 주면 안 잡아먹지." 하고 말합니다. 할머니는 고이 싸서 장에 팔려고 했던 딸기를 손에 집어 "옛다. 이거나 먹어." 하며 던져줍니다. 그리고는 막 도망을 가지요. 호랑이가 얼른 쫓아옵니다. 참외, 수박까지 차례로 던져주고, 호랑이는 맛있게 그것을 먹습니다. 그러다가 마지막에 할머니는 단팥죽만은 내놓지 않으려고 애를 쓰는데 그만 잘못해서 눈호랑이의 머리 위에 쏟게 됩니다. 눈호랑이는 그것도 맛있다고 핥아 먹다가 사르르 녹기 시작하지요. 할머니는 그것들을 담아다가 시장에 가서 팔았더니 맛있다고 난리가 났습니다. 순식간에 방방곡곡에 소문이 짝 퍼졌습니다. 이것이 팥빙수의 전설이라고 합니다.

이 책을 읽고 이렇게 이야기를 나누어보세요.

1. 이야기 알기

   1) 할머니가 우리에게 들려준 '팥빙수의 전설' 이야기를 다시 한번 해보세요.
   2) 할머니는 눈호랑이에게 수박을 던져주며 왜 "씨는 빼고 먹어. 배 속에서 수박이 자란다고" 말했을까요?

2. 그림 자세히 살피기

   1) 본문 27~34쪽, 절벽과 절벽 사이를 할머니는 어떻게 건너가고, 눈호랑이는 또 어떻게 건너갔나요?
   2) 본문 37~40쪽, 눈호랑이는 어쩌다가 단팥죽을 뒤집어쓰게 되었나요?

3. 등장인물 되어보기

   1) 할머니가 길에서 눈호랑이를 만났을 때 기분이 어땠을까요?
   2) 할머니는 어떤 사람일까요?

이야기를 나눌 때 이런 점을 유의하세요.

이 책은 '이야기를 듣고 다시 말해보기(story-retelling)' 활동을 하기에 참 좋은 책입니다. 그 이유는 첫째 이 책이 일정한 줄거리를 가지고 있으며, 둘째 아이들이 이해하기 쉬운 내용이며, 셋째 아이들에게 친숙한 등장인물이며, 넷째 반복적인 요소들이 포함되어 아이들이 기억하기에 좋기 때문입니다.

'이야기를 듣고 다시 말하기'는 곧 이야기의 의미를 잘 이해하고,

그것을 내 것으로 만들어 다른 사람에게 효과적으로 전달할 수 있다는 뜻입니다. 아이들은 남의 이야기를 듣고, 등장인물이 경험하는 것을 경험하고, 세계와 다른 사람을 인식합니다. 그러면서 세계관을 형성하게 되지요. 이야기를 들을 수 있을 뿐 아니라, 이야기를 잘하게 하는 것이 교육의 첫 번째 기능이자 목표이고 수단입니다. 이야기 능력을 절대로 소홀히 생각해서는 안 됩니다.

이 책은 정말 '이야기 다시 하기'에 좋은 책입니다. 특히 《해와 달이 된 오누이》를 먼저 읽고, 이 책을 읽으면 아이들이 더 재미있어하고 이야기하기를 즐기게 될 것입니다. 아이들이 이야기를 다시 할 때 중간중간 부모님이나 선생님들이 힌트를 주고 도와주면 좋겠습니다.

누리과정에 기초한 그림책 읽기 지도 안내서_2권
101권의 그림책, 제대로 재밌게 읽자!

초판 1쇄 2022년 2월 17일
글쓴이 이차숙 | 펴낸이 황정임 초록서재(도서출판 노란돼지)
경기도 파주시 문발로 115(파주출판문화정보산업단지), 307 (우)10881
전화 (031)942-5379 | 팩스 (031)942-5378
등록번호 제406-2015-000137호 | 등록일자 2015년 11월 5일
편집 김성은, 박예슬 | 마케팅 이주은, 이수빈, 고에찬 | 경영지원 손향숙 | 디자인 이재민, 유고운

도서출판 노란돼지는 독자 여러분의 의견을 기다립니다. yellowpig.co.kr | 인스타그램 @greenlibrary_pub
ISBN 979-11-976285-9-7 04370, 979-11-976285-7-3 (세트) ⓒ 이차숙 2022
값은 표지 뒷면에 있습니다.

초록서재 초록서재는 연노랑의 잎이 자라 초록의 나무가 되듯
청소년의 생각과 마음 성장을 돕는 책을 펴냅니다.